Winnen of verliezen

Sunny Jansen

Winnen of verliezen

Illustraties Roelof van der Schans

Troef-reeks

Deventer
Van Tricht *uitgeverij*, 2010
www.vantricht.nl

Inhoud

Schema de Amsterdamse Boys

Trainer: Sven

HOOFDSTUK 1

De voetbaltraining

'Let nou eens op!'
Sven de voetbaltrainer is boos.
'Verdorie Rik, je moet naar de bal kijken!
Niet naar leuke meisjes langs de zijlijn,'
roept hij over het veld.
Rik voelt dat hij een kleur krijgt.
Zijn gezicht wordt rood.
Zo rood als een tomaat.
De voetbaltrainer heeft gelijk.
Anna kijkt vandaag bij de voetbaltraining.
Zij zit bij Rik in de klas.
Rik is de keeper van het voetbalteam.
Als Anna er niet is, keept Rik erg goed.
Maar als Anna er is,
dan mist hij bijna elke bal.

'Sorry coach.
Ik zal beter opletten,' roept Rik terug.
Voetbaltrainer Sven steekt zijn hand in de lucht.
Het is al goed, betekent dat.
Gelukkig blijft hij nooit lang boos.
De jongens van het elftal noemen Sven meestal 'coach'.
Coach is het Engelse woord voor trainer.
Sven is de trainer en coach van het team.

'Naar de douches, allemaal!
De training is afgelopen.

We zijn klaar voor vandaag,' zegt coach Sven even later.
Rik loopt samen met Koen naar de kleedkamer.
Koen is zijn beste vriend.
Ze kennen elkaar al jaren en ze zitten in dezelfde klas.
Rik kijkt nog even achterom, naar Anna op de tribune.
Koen grinnikt.
Hij slaat zijn vriend op zijn schouder.
'Vraag haar dan eens mee uit, man.'
Rik hapt naar adem.
'Een date?' vraagt hij benauwd. 'Met Anna?'
Meteen wordt zijn gezicht weer rood.
Dat durft hij nooit!
Rik durft niet eens met Anna te práten.
'Ja, dan houd je misschien wat meer ballen tegen,'
grijnst Koen.
'Aandacht jongen! Je moet je aandacht bij de bal
houden.'
Plagend doet Koen coach Sven na.

Rik en Koen spelen bij voetbalvereniging 'de
Amsterdamse Boys'.
Hun elftal moet deze competitie nog twee wedstrijden
spelen.
Een competitie is een reeks wedstrijden tussen
verschillende clubs.
Als de Amsterdamse Boys één wedstrijd winnen
en één gelijk spelen,
dan winnen ze de competitie in hun leeftijdsgroep.
En als ze de competitie winnen, mag het elftal meedoen
aan een heel belangrijk voetbaltoernooi.
Dan voetballen ze tegen de beste teams uit het hele
land.

Rik wil heel graag meedoen met dat toernooi.
Voetbal is heel belangrijk voor hem.
Hij droomt ervan om later bij een profclub te spelen.
Het liefst bij Ajax.

'Ik kan mijn aandacht niet bij mijn huiswerk houden,'
zegt Rik ineens.
Koen kijkt hem verbaasd aan.
'Hoezo niet?' wil hij weten.
'Het lijkt wel alsof ik gewoon niet stil kan zitten de
laatste tijd.
Die vervelende wiskundesommen krijg ik nooit af.
Ik snap er echt helemaal niets van.
Mijn vader wordt woedend
als ik weer een onvoldoende haal,' zucht Rik.
'Hè? Een onvoldoende?
Je bent toch altijd heel goed op school?
Sinds wanneer haal jij onvoldoendes?' vraagt Koen
verbaasd.
Rik haalt zijn schouders op.
'Sinds een paar maanden gaat het allemaal niet meer zo
goed.
Met een onvoldoende voor wiskunde op mijn rapport,
mag ik niet meedoen met het voetbaltoernooi.
Dat zei mijn vader.'
Rik denkt aan het strenge gezicht van zijn vader.
'Je huiswerk is veel belangrijker dan voetbal,'
zegt zijn vader altijd.
'Zal ik je helpen met wiskunde?' zegt Koen.
'Nou, heel graag!' antwoordt Rik.

HOOFDSTUK 2

Gewonnen!

'Yes! We hebben gewonnen!' roept Koen.
Het is zaterdag.
De jongens hebben net hun één-na-laatste
voetbalwedstrijd gespeeld.
En ze hebben gewonnen, met 4-0!
'We are the champions,' schreeuwt Koen over het veld.
'We are the champions!'
Rik lacht. Dat vindt hij nou zo leuk aan Koen.
Koen doet vaak lekker gek.
Dan trekt hij zich niets van andere mensen aan.
Hij is altijd vrolijk, ook als het even tegenzit.
Koen heeft niet van die rare, boze buien.
Rik wel.
Hij is de laatste tijd snel boos.
'Rustig aan jongen, we hebben één wedstrijd gewonnen.
We zijn er nog niet,' zegt hij tegen Koen.
Koen springt bovenop Rik.
'Doe niet zo negatief, man. We hebben gewonnen.
Nog een keer gelijk spelen en we zijn kampioen.
Kampioen!' schreeuwt Koen.

'Misschien hebben de Vogels vandaag wel verloren.
Dan zijn we al kampioen,' zegt Koen.
Hij kijkt met een vragend gezicht naar de coach.

Ook de rest van het elftal wacht gespannen op het antwoord van hun trainer.
Coach Sven stopt zijn mobiele telefoon in zijn jaszak.
'Helaas Koen, ik heb net gebeld met de trainer van de Vogels.
Zij hebben ook gewonnen vandaag.
Dus... de volgende wedstrijd is heel belangrijk.
Die bepaalt of jullie mee mogen doen met het toernooi.
De laatste wedstrijd moeten jullie gelijk spelen of winnen.'
Rik voelt meteen spanning in zijn buik.
Dan moet hij dus goed keepen.

'Gelijkspel is genoeg,' zegt Rik.
'Ach, wat gelijkspel?
We winnen gewoon nog een keer met 4-0!' zegt Koen.
Koen rent naar de kleedkamer.
Hij zingt weer. 'Vier-nul! Vier-nul!'
Hij rent een extra rondje om de jongens van het andere team heen.
Zelfs zij moeten lachen om Koen.
Ook al hebben ze verloren.
Rik kijkt een beetje jaloers.
Was hij maar net zo zeker van zichzelf als Koen.

Een paar maanden geleden ging het allemaal nog wel, maar nu...
Rik heeft bijna geen zelfvertrouwen meer.
Hij baalt de laatste tijd flink van zichzelf.
Vooral als hij slecht keept.
Of als hij niets weet te zeggen op een heel gewone vraag.

Of als hij weer een boze bui heeft en daar niets aan kan doen.
'Goed gespeeld Rik,' zegt de coach.
'Maar je moet je wel leren concentreren.'
Rik haalt zijn schouders op.
Coach Sven heeft makkelijk praten.
Hij weet niet dat alles helemaal mis gaat de laatste tijd.

De brief

HOOFDSTUK 3

Het is maandagmiddag.
Rik komt thuis uit school.
Afgelopen zaterdag heeft zijn voetbalteam de laatste
wedstrijd gewonnen.
Een mooie 2-0 overwinning met twee goals van Sebas.
Sebas is een van de vleugelspitsen.
Nu zijn de Amsterdamse Boys kampioen in hun klasse.
Ze hebben een mooie, glimmende beker gekregen.
En de volgende dag was er een groot feest in het
clubhuis.
Maar het beste is dat ze zich geplaatst hebben voor het
toernooi.

Vandaag kreeg Rik zijn wiskundeproefwerk terug.
Hij had een 8,5!
Koen heeft Rik vorige week iedere dag geholpen met
wiskunde.
En nu begrijpt Rik alle sommen!
Nu mag hij vast wel van zijn vader naar het toernooi.

Rik doet de voordeur open en pakt de post uit de gang.
Hé, wat gek, een envelop zonder postzegel, denkt Rik.
Rik ziet dat zijn naam erop staat.
Nieuwsgierig maakt hij de envelop open.
Hij leest de brief en gooit hem dan geschrokken op
tafel.

Ik weet wat er gebeurd is bij Houters, staat er.
Geen naam, geen adres, alleen die ene zin.
Rik krijgt het er benauwd van.

Houters is een winkel in de stad.
Er worden games voor de computer verkocht, en iPods.
Maar ook boeken en speelgoed.
Eigenlijk verkopen ze er van alles.
Vroeger ging Rik er vaak naartoe om naar de nieuwste
games te kijken.
Maar de laatste maanden komt hij er niet meer.
Dat kan niet meer.
Niet sinds hij...
Rik wil er niet aan denken.
Hij probeert het te vergeten.

Één keer heeft hij iets ontzettend stoms gedaan.
Één keer maar.
Boos schopt Rik zijn schoenen uit.
Hij probeert er niet aan te denken.
Hij is zo stom geweest.
En sinds die keer gaat alles helemaal mis.
Alles.
Rik kan zijn gedachten nergens bijhouden.
Hij moet steeds denken aan die ene ellendige dag bij
Houters.

En nu, nu weet iemand het.
Iemand kent zijn geheim.
Dat blijkt wel uit de brief.
Een brief zonder naam en zonder postzegel.

HOOFDSTUK 4

Een naar gevoel

De training is zwaar.
Coach Sven is streng vandaag.
'We gaan nu extra hard trainen.
Het is heel belangrijk dat jullie op het toernooi in
topvorm zijn.'
'Er komen scouts naar het toernooi,' zegt Mahmoud
tegen Rik.
'Scouts zijn mensen van grote voetbalclubs.
Zij zijn op zoek naar goede spelers.
Als je goed bent, vragen ze misschien
of je bij hun club komt spelen.'
Mahmoud is de aanvoerder van het elftal.
Hij is een erg goede voetballer.
Mahmoud zit op dezelfde school als Rik en Koen.
Maar hij zit in een andere klas.
Ze zien elkaar wel eens in de pauze.
En op het voetbalveld natuurlijk.
Maar Rik luistert niet echt naar Mahmoud.
Hij moet steeds aan die rare brief denken.

'Hoe gaat het op zo'n toernooi, coach?' vraagt Koen.
De coach en zijn elftal zitten in een kring op de grond.
Rik probeert goed te luisteren.
'Er mogen acht teams meedoen aan het toernooi,'
vertelt coach Sven.

'Er worden twee poules gevormd.
Een poule is een groep voetbalclubs.
Die moeten tegen elkaar voetballen.
De beste vier teams uit beide poules komen in de halve
finale.
Er wordt geloot welke elftallen tegen elkaar moeten
spelen.
En wat heel belangrijk is,
er zullen scouts op de tribunes zitten.
Ze kijken of je echt talent hebt.
Je moet dus wel heel goed zijn.
Dan vragen ze misschien of je voor hun club komt
spelen.
Je mag dan naar de jeugdopleiding van een prof-club.
Een jeugdopleiding is een voetbalschool.
Daar haal je je schooldiploma en daar leer je nog beter
voetballen.'

Coach Sven ziet de spanning op de gezichten van de
jongens.
'Ik hoop dat ik gescout word,' zucht Mahmoud.
'Dat zou echt vet zijn,' antwoordt Sebas.
'Ajax, here we come!' roept Mehmet met twee armen in
de lucht.
Mehmet is de andere vleugelspits.
'Ajax? Die kapsoneslijders.
Ik speel veel liever voor Feyenoord, hoor!' roept Raoul.
De spitsen Mehmet en Sebas springen meteen bovenop
Raoul.
'Overloper,' roepen ze.
De coach lacht.
'Jongens, haal je niet te veel in je hoofd, hè!

We voetballen omdat we er plezier in hebben.
Dat is het belangrijkste.
Raak dus niet gestrest van die scouts op de tribune,'
zegt hij.
'Dit is onze kans om profvoetballer te worden,'
zegt Mahmoud.
Hij geeft Rik een harde por in zijn zij.

Na de training fietsen Rik en Koen samen naar huis.
Koen raakt niet uitgepraat over de scouts.
'Scouts zijn altijd saaie, oude mannen met rare
regenjassen,' zegt hij.
'Je weet wel. Johan Cruijff heeft ook zo'n regenjas.'
'Dus iedere man met een regenjas op de tribune is een
scout?' lacht Rik.
'Zie je morgen!' zwaait hij.
Voorbij het kruispunt slaat Koen af naar links.
'Tot later!' roept Koen terug.
Rik fietst naar rechts.
Nog twee straten door en dan is hij thuis.

'Hé, wat heb ik gehoord?' klinkt het ineens treiterig.
Rik kijkt op.
'Ha Niels,' zegt hij met tegenzin.
Niels en Rik waren vroeger vrienden.
Ze zaten samen op de basisschool.
Maar Rik vond Niels en zijn vrienden steeds minder
leuk.
Ze schepten altijd erg op over hun dure kleren en
mobieltjes.
En als je niet meteen de nieuwste computergames had,
werd je uitgelachen.
Of gepest.

Eigenlijk wilde Rik geen vrienden meer zijn met Niels.
Maar dat durfde hij niet te zeggen.
Hij was bang dat hij dan gepest zou worden.
Niels voetbalde ook bij Riks team,
bij de Amsterdamse Boys.
Tot een paar maanden geleden.
Toen verhuisde hij naar Diemen.
Nu speelt Niels bij SV Diemen.
De jongens uit het elftal van Diemen wonen in een rijke
buurt.
Het team van Rik noemt SV Diemen daarom het 'koude
kak'-elftal.
'Alleen maar kakkers in dat elftal,' zegt Mahmoud altijd.
En dan trekt hij zijn neus op.
Sinds Niels bij Diemen speelt,
zien Niels en Rik elkaar niet meer.
En Rik vindt dat helemaal niet erg.
Heel af en toe komen ze elkaar op straat tegen.
Want Niels zit ook in Amsterdam op school.

Niels remt hard en houdt de fiets van Rik tegen.
Rik moet snel opzij sturen om niet te vallen.
'Zo? Dus het is waar?' vraagt Niels.
'Wat?' vraagt Rik.
'Dat jullie loser-team zich geplaatst heeft voor het
toernooi.'
'Ons team heeft de competitie gewonnen.
We zijn dus het allerbeste.
Daarom mogen we meedoen aan het toernooi,' zegt Rik.
Niels lacht een gemeen lachje.
'Mijn team doet ook mee,' zegt hij.
'Wij hebben ons ook geplaatst voor het toernooi.'

Rik haalt zijn schouders op.
'Nou, tot dan,' zegt Rik en hij wil wegfietsen.

Maar Niels pakt zijn stuur vast.
'Wij gaan winnen Rik!
Dat zweer ik je,' snauwt Niels.
Rik probeert kalm te blijven.
'Ach, het beste team zal wel winnen.'
Niels kijkt hem ernstig aan.
'Om te winnen hoef je niet het beste team te zijn.
Als je écht wilt winnen, zijn er ook andere manieren.'
Niels stapt op en fietst fluitend weg.
Verbaasd kijkt Rik hem na.
Wat bedoelde Niels daarmee?
Dat er ook andere manieren zijn om te winnen?
Rik begrijpt het niet, maar hij krijgt er een naar gevoel
van.

HOOFDSTUK 5

Het geheim van Rik

Rik wil met zijn vader praten.
Hij wil vragen of hij naar het toernooi mag.
'Pap?'
Zijn vader kijkt hem vragend aan.
'Ik had een 8,5 voor mijn wiskundeproefwerk.'
'Hartstikke goed, jongen!
Zie je wel dat je het kunt.'
'Koen heeft me de sommen een paar keer uitgelegd.
En nu lukt het wel,' zegt Rik.
Zijn vader knikt.
'Fijn dat Koen je geholpen heeft.
Maar de cijfers voor je andere vakken moeten ook nog
beter worden.'
'Pap, we hebben met het elftal de competitie toch
gewonnen?
Nu mogen we meedoen aan het voetbaltoernooi.'
'Wanneer is dat toernooi?' vraagt Riks moeder.
'In de meivakantie.
Alle jongens van het elftal doen mee.
Het elftal heeft me nodig.
Ik ben de keeper.'
'Je mag meedoen aan het toernooi,' zegt Riks vader.
'Maar alleen als je geen onvoldoendes meer haalt.'

Opgelucht gaat Rik naar zijn kamer.
Hij zet zijn computer aan en kijkt of Koen op MSN zit.
Gelukkig, Koen zit achter zijn computer.
Hé man! Groot nieuws! typt Rik.
Koen reageert meteen.
Je hebt Anna mee uit gevraagd.
Achter de regel staan plagerig allemaal verliefde smileys.
Rik lacht.
Nee, typt hij terug.
IK MAG NAAR HET TOERNOOI!!!!!!
ECHT VET!!! antwoordt Koen, net als Rik in hoofdletters.
Ben zo blij, typt Rik.
We gaan winnen! antwoordt Koen op zijn beurt.
Dan piept Riks telefoon.
Hij heeft een sms'je.
Rik schrijft snel naar Koen dat hij zijn huiswerk gaat
maken.

Rik pakt zijn telefoon
Hij kent het telefoonnummer niet.
Ik weet het..., staat er op het schermpje van zijn
telefoon.
Rik schrikt.
Weer zo'n raar bericht.
En weer zonder naam.
Snel drukt hij het sms'je weg.
Rik wil aan zijn huiswerk beginnen.
Eerst nog even nog naar de mail kijken.
Rik heeft één nieuw bericht.
Hij kijkt naar de afzender: xxxxx.
Wat is dat voor iets raars?
Zou het spam zijn?

Even twijfelt Rik, maar dan opent hij het e-mailbericht
toch.
Hij schrikt.
Ik weet wat je gedaan hebt bij Houters, leest hij.

Als je iets gestolen hebt, kun je dat nooit vergeten,
weet Rik nu.
Helemaal nooit.
Want dat is wat Rik heeft gedaan.
Een paar maanden geleden heeft hij een game gestolen
bij Houters.
Nu ligt de game verstopt onder zijn bed.
Hij heeft het nooit durven spelen.
Zo erg schaamt hij zich voor de diefstal.
En sinds de diefstal gaat alles helemaal mis.
Rik kleedt zich uit en gaat naar bed.
Aan zijn huiswerk denkt hij niet meer.
Maar slapen lukt ook niet.
Rik kan alleen maar aan zijn geheim denken.
En aan de vreemde berichten.
Wie zou het zijn, die alles van hem weet?

HOOFDSTUK 6

Nog meer dreigementen

De volgende ochtend fietsen Rik en Koen samen naar school.
Rik zegt niet veel.
Hij is moe. Hij heeft slecht geslapen.
Vanaf de overkant van de straat klinkt geschreeuw.
'Hé, losers!'
Rik zucht. Weer Niels.
Sinds ze zich geplaatst hebben voor het toernooi, ziet Rik Niels overal.
'Vergeet niet wat ik je gezegd heb, hè?' roept Niels dreigend.
Zijn vrienden maken gebaren alsof ze ruzie willen.
Rik en Koen fietsen gewoon door.

'Waar heeft Niels het over?' vraagt Koen.
'Ik ben Niels een paar dagen geleden ook al tegengekomen.
Toen ik van de voetbaltraining naar huis fietste.
SV Diemen doet ook mee aan het toernooi.
Niels zegt dat zijn elftal het toernooi zal winnen,' antwoordt Rik.
'En hij noemt ons steeds losers,' voegt hij er aan toe.
Koen haalt zijn schouders op.
'Ach, Niels is zelf een stomme loser.

Een verwaande kakker.
Trek het je niet aan.'

Rik aarzelt even, maar dan zegt hij toch wat hij denkt.
'Ik vertrouw Niels niet.
Hij zei dat je niet het beste elftal hoeft te zijn
om het toernooi te winnen.
Ik begrijp niet wat hij daarmee bedoelde.
Maar het klonk zo...'
Rik zoekt even naar het goede woord,
'...dreigend.'
'Maak je niet druk om Niels,' zegt Koen.
'Hij loopt altijd te stoken.
Hij probeert ons bang te maken.
Zodat wij straks op het toernooi niet goed spelen.
Zo is Niels nu eenmaal.
Maar er staat dan wel een scheidsrechter op het veld.
En die zorgt ervoor dat iedereen eerlijk speelt.
Ook Niels.'

Opeens krijgt Rik een nare gedachte.
Sinds hij die rare berichten krijgt,
komt hij Niels steeds tegen.
Zou Niels die berichten verstuurd hebben?
Weet Niels dat Rik die game gestolen heeft?
Rik schudt zijn hoofd.
Nee, dat kan niet.
Niels weet niet dat Rik iets gestolen heeft.
Dat kan hij niet weten.
Het heeft vast te maken met het toernooi
dat hij Niels steeds tegen komt.

Niels probeert hem gewoon bang te maken,
zodat Rik straks niet zo goed keept.

Er klinkt een piep uit Riks jaszak.
Hij kijkt op het schermpje van zijn telefoon.
O, nee! Weer dat onbekende nummer.
Ik weet alles. Pas maar op! staat er.
'Wat is er?
Je kijkt alsof je een spook ziet!'
Koen stoot Rik aan.
'Ja, nou, nee.
Eh, er is niets aan de hand,' snauwt Rik.
'Bemoei je toch eens met je eigen zaken.'
Rik heeft meteen spijt.
Hij wordt zo gestrest van al die berichten,
dat hij nu tegen zijn beste vriend snauwt.

Rik kijkt nog eens naar het sms-bericht.
Hij verzamelt moed en belt het onbekende nummer.
Gespannen wacht hij af.
Maar er wordt niet opgenomen.
Rik wacht tot hij de voicemail krijgt.
De voicemail noemt alleen het telefoonnummer,
geen naam.
Met een zucht stopt hij zijn telefoon terug in zijn jas.
Hij moet opschieten.
Snel naar school nu.

Als Rik de klas in loopt, zit Koen al op zijn plaats.
Rik gaat naast hem zitten
en pakt zijn wiskundeboek uit zijn tas.
Hij begrijpt de sommen nu echt, dankzij Koen.

'Sorry, ik gedroeg me als een zak,' zegt hij zacht.
'Ja, dat vond ik ook,' fluistert Koen terug.
Maar dan lacht Koen.
'Het is al goed.
Maar, weet je zeker dat er niets is?'
Koen kijkt hem vragend aan.

HOOFDSTUK 7

Spijbelen

In de pauze gaat Rik op de trap zitten.
Alleen.
Hij wil niet dat Koen weer gaat vragen of alles oké is.
Want het is niet oké.
Maar dat durft hij niet te zeggen.
Wat zouden zijn vrienden van hem vinden,
als ze weten dat hij iets gestolen heeft?

Mahmoud komt naar hem toelopen.
'Hé, Rik. We hebben vanavond weer voetbaltraining.
De coach wil dat we hard trainen voor het toernooi.
Lukt dat met je huiswerk enzo?'
Boos kijkt Rik Mahmoud aan.
Waar bemoeit iedereen zich toch mee?
'Wat heb jij met mijn huiswerk te maken?' snauwt Rik.
'Je bent de aanvoerder op het voetbalveld.
Niet hier op school, hoor!'
Rik pakt zijn tas, draait zich om en loopt weg.

'Heb je problemen, hier op school?
Of gezeur thuis?
Je kunt het mij toch vertellen?
Ik ben je beste vriend,' zegt Koen.
Maar Rik reageert niet.
Hij loopt Koen zo voorbij.

Naar buiten. De school uit.
En dat terwijl hij nog vier lesuren heeft.

Thuis ploft Rik op de bank en zet TMF aan.
Keihard.
Even nergens aan denken.
Even geen gezeur aan zijn hoofd.
Eigenlijk moet hij nu huiswerk maken.
Want vanavond heeft hij geen tijd.
Dan moet hij weer trainen.
Samen met Koen en Mahmoud.
Maar hij heeft helemaal geen zin om hen weer te zien.
Wat moet hij dan zeggen?

Een uurtje later komt zijn moeder thuis.
'Fijn dat je zo vroeg uit bent.
Dan heb je alle tijd voor je huiswerk,' zegt zijn moeder.
'We eten vroeg vandaag.'
'O ja, de training gaat niet door,' liegt Rik.
Zijn gezicht wordt rood van zijn leugen.
Snel loopt hij naar boven.
Alles is echt vet balen, denkt Rik bij zichzelf.
Op zijn kamer gooit Rik zijn tas in een hoek.
Hij laat zich op bed vallen.
Pff, wat maakt hij toch overal een zooitje van.

Rik schrikt wakker van zijn telefoon.
Hij was na het eten zeker in slaap gevallen!
Zonder te kijken wie er belt, neemt Rik op.
'Hé man, waar ben je?
De training is al begonnen.'
Het is Koen.

Hij wil weten waarom Rik niet op de training is.
Shit, de voetbaltraining, denkt Rik slaperig.
'Eh, ik... ik kan niet vandaag,' zegt Rik snel.
'Hoezo niet?
De coach baalt ervan dat je er niet bent.
Mahmoud trouwens ook.'
'Ik ben ziek,' liegt Rik en hij drukt het gesprek weg.

HOOFDSTUK 8

Alles gaat beter

Er zijn drie weken voorbij.
De coach laat de jongens vaak trainen.
Het elftal van Rik traint nu vier keer in de week.
Dat is echt veel, want ze moeten ook nog gewoon naar school.
De jongens werken harder dan ooit.
Coach Sven is veel strenger dan anders.
Hij vraagt het uiterste van zijn team.
Hij wil vooral dat ze goed samenwerken.
Voetballen als een team, dat is volgens hem het belangrijkste.
'We gaan nog even de penalty's trainen,' zegt de coach.
Soms kunnen penalty's bepalen of je een wedstrijd wel of niet wint.

Rik staat in zijn doel.
Mahmoud is de eerste die een penalty neemt. Raak!
Verdorie, denkt Rik.
Ik had moeten weten dat Mahmoud altijd in de linkerhoek schiet.
Nu goed opletten, zegt hij tegen zichzelf.
De tweede is Koen.
Rik kijkt zijn vriend lachend aan.
'Dat wordt een makkie,' roept hij plagend.
Koen neemt een aanloopje.

De bal suist op Rik af, die naar de rechterhoek duikt.
Met zijn vingertoppen duwt Rik de bal weg.

Mooi! Die heeft hij gehouden!
Alle jongens hebben hun penalty genomen.
Rik heeft vijf ballen gestopt.
'Niet slecht,' zegt de coach en hij steekt zijn duim op
naar Rik.
'Als je dat ook zo doet op het toernooi,
hoeven we ons geen zorgen te maken.
Nou mannen, ga deze week op tijd naar bed.
Ik wil dat jullie allemaal goed uitgerust zijn als het
toernooi begint.'

Tevreden loopt Rik naar de kleedkamer.
Hij heeft goed gespeeld vanavond.
Nu is hij moe.
Niet alleen van het trainen,
maar ook omdat hij erg hard werkt voor school.
Hij heeft geen onvoldoendes meer gehaald.
Rik wil zijn ouders laten zien dat hij beide kan:
én voetballen én goede cijfers halen.
En dat lukt goed.
Rik heeft ook al een tijd geen gekke berichten meer
ontvangen.
Toch is hij de brief, de mails en de sms'jes niet vergeten.

Op zaterdagmiddag hebben de jongens de laatste
training.
Ze struikelen over hun eigen voeten en ruziën veel.
'Nou, deze laatste training ging niet erg goed,' zegt de
coach lachend.

'Maar een slechte laatste training,
betekent vast een goede eerste wedstrijd.
Nou, tot morgenavond, dan gaan we naar Drenthe.
Zorg dat jullie op tijd zijn,' zegt coach Sven.
En hij stuurt de jongens naar de kleedkamer.

Als ze samen aan tafel zitten te eten,
vraagt Riks moeder: 'Overmorgen begint het toernooi.
Vind je het erg spannend?'
'Best wel,' geeft Rik toe.
'Ik bedoel, ik ben de keeper.
Als de tegenpartij scoort, is dat toch mijn schuld.
En er komen scouts en heel veel publiek.'
'Weet je,' zegt zijn vader.
'We zijn erg trots op je.
Je hebt de laatste weken heel hard getraind.
En het ging ook nog eens goed op school.
Je moeder en ik vinden dat je het goed gedaan hebt de
laatste tijd.'
Rik kijkt zijn vader verbaasd aan.
Hij weet niets te zeggen.
Maar van binnen voelt hij zich gloeien van trots.
'En gelukkig is je humeur ook weer beter,' zegt zijn
moeder zacht.
Rik lacht.
Ja, het gaat allemaal een stuk beter de laatste tijd.
En hij merkt dat zijn ouders en Koen blij zijn
dat de gewone, vrolijke Rik weer terug is.
De Rik van vóór de diefstal.

Na het eten pakt Rik zijn tas in.
Omdat het toernooi in Drenthe is,

blijven alle teams daar slapen.
Rik opent zijn mail nog even.
Nee hè! Weer een bericht van xxxxx.
Rik opent het bericht niet.
Zonder het te lezen, gooit hij het in de prullenbak.
Verdorie, hij dacht dat het allemaal voorbij was.
Dat hij geen berichten meer zou krijgen.
Boos smijt Rik zijn kleren in zijn tas.

HOOFDSTUK 9

Het toernooi

Het toernooi gaat beginnen.
Vandaag zijn alle elftallen naar het sportpark in Drenthe
gekomen.
Ieder elftal heeft zijn eigen slaapzaal.
Ook de Amsterdamse Boys.
Daar zullen ze niet alleen slapen, maar ook eten.
Zoveel jongens bij elkaar op een zaal,
dat wordt vast één groot feest.
'Hebben jullie allemaal een slaapplek gevonden?' vraagt
de coach.
'En jongens.
Het is natuurlijk heel gezellig met z'n allen op een
kamer.
Maar maak het niet te gek, hè?
Dit is een belangrijk toernooi.
Je zou zomaar gescout kunnen worden.
Dit toernooi is jullie kans om profvoetballer te worden.
Dus zorg dat je uitgerust op het veld staat.'
Mahmoud kijk ernstig de groep rond.
Waag het niet herrie te trappen!
Dat lees je op zijn gezicht.

'Ik heb hier het speelschema.'
De coach wappert met een vel papier.
'Morgen worden de eerste twee wedstrijden gespeeld.

Een wedstrijd in poule A en een in poule B.
Wij zijn overmorgen pas aan de beurt.'
Rik slikt.
Moeten ze tegen het elftal van Niels spelen?
Hij hoopt van niet.
'Tegen wie spelen we, coach?' vraagt Koen opgewonden.
'Hmm, even kijken.
Wij zijn het tweede team uit poule B.
En we spelen tegen het vierde team.
Dat is een elftal uit Almere.'
Gelukkig, de eerste wedstrijd hoeft Rik niet tegen Niels.
Rik haalt opgelucht adem.

'Wie zijn de andere teams in onze poule?' vraagt
Mahmoud.
'Dat zijn SV Diemen en Lewedorp,' antwoordt de coach.
Diemen is het team van Niels, denkt Rik somber.
Dus ze moeten ook tegen hem spelen.
'Mogen we bij de training van FC Almere kijken?' vraagt
Mahmoud.
'Gaan we zelf nog trainen vandaag?' wil Sebas weten.
'Mogen we het veld zien?' vraagt Koen.
'Kunnen er veel mensen op de tribunes?
Dat is veel interessanter om te weten,' grapt Farid.
Farid is de centrale spits.
'Gaan we morgen bij de eerste wedstrijd kijken?' vraagt
Frank, een van de verdedigers.
Iedereen roept door elkaar.

De coach steekt lachend zijn handen in de lucht.
'Help, jongens.
Wat een boel vragen, zeg.

Eén tegelijk graag!
Morgenochtend gaan we even kort trainen.
Gewoon om het veld te verkennen.
Morgenmiddag is de eerste wedstrijd uit onze poule.
Daar gaan we met z'n allen naar kijken.
Het elftal van Almere traint vandaag op het voorste
oefenveld.
Je mag kijken als je dat wilt.
En vandaag hebben jullie de rest van de dag vrij.
We eten om zes uur hier in de slaapzaal.
Weten jullie zo genoeg?'
Coach Sven legt een paar grote zakken chips op de tafel.
Dan loopt hij de slaapzaal uit.

Koen stoot Rik aan.
'Vet hè?
Morgen gaan we naar de eerste wedstrijd kijken.
Dan kunnen we meteen zien hoe goed onze
tegenstanders spelen.'
'Niels zit in onze poule,' zegt Rik een beetje schor.
Koen geeft zijn vriend een klap op zijn schouder.
'Waarom maak je je toch zo druk om Niels?
Dat is nergens voor nodig.'
Rik haalt zijn schouders op.
Koen weet niet wat er allemaal aan de hand is, denkt hij.

HOOFDSTUK 10

De eerste wedstrijd

Twee dagen later loopt Rik het veld op.
Hij voelt zich gespannen, maar gelukkig niet echt
gestrest.
'Gezonde zenuwen,' had de coach tegen hem gezegd.
Vandaag speelt zijn elftal de eerste wedstrijd.
Gisteren hebben ze naar de eerste wedstrijd in hun
poule gekeken.
Het team van Niels speelde ijzersterk.
Het won met gemak van Lewedorp.
Daar baalde Rik wel van.
Maar ja, het team van Niels was gewoon het beste.
Het heeft eerlijk gewonnen.
En nu is Rik zelf aan de beurt.
Zijn eerste wedstrijd op dit toernooi.
Rik kijkt eens goed om zich heen.
Mahmoud kijkt ernstig en zelfs Koen ziet er gespannen
uit.
De spitsen zijn nog drukker dan normaal.
Zo te zien is Rik niet de enige die last van de zenuwen
heeft.

Gisteravond kwam de coach nog even naar Rik toe.
'Als je diep ademhaalt, heb je minder last van zenuwen,'
zei coach Sven.
Rik probeerde het en werd er een stuk rustiger van.

Dat was een goede tip van de coach.
Koen wijst naar de tribunes.
'Hé Rik, zie je die saaie mannen met die regenjassen?
Dat zijn ze! De scouts,' zegt hij lachend.
'Let jij nu maar op de bal,' zegt Rik.
'In plaats van op mannen met regenjassen.
Als jullie goed verdedigen, hoef ik niet zoveel te doen.'
Koen lacht en geeft zijn vriend een stomp.

'Zeg, verdedigers, jullie horen het.
Onze keeper vraagt of jullie wakker zijn!' Koen lacht.
Erik, Frank, Mo en Koen lopen naar Rik toe.
'Zo keeper, heb je geen vertrouwen in ons?'
vraagt Erik plagend.
Lachend geeft Rik hem een duw.
Alle verdedigers springen nu bovenop Rik.
De jongens rollen stoeiend over het veld.
'Hou op met dat geklier!
Op jullie plaatsen,' roept Mahmoud gespannen.
Even later klinkt het fluitje van de scheidsrechter.
De eerste wedstrijd is begonnen.

Almere is meteen in balbezit.
Maar met een handige actie krijgt Mahmoud de bal aan
zijn voet.
Hij speelt de bal meteen door naar Mees,
een middenvelder.
Die ziet Mehmet vrij staan en hij speelt de bal over.
Mehmet haalt uit en... RAAK!!
Rik juicht.
De wedstrijd is pas twee minuten aan de gang!
En ze staan nu al met 1-0 voor!

Rik maakt van blijdschap een rondedansje in zijn doel.
Koen en Erik rennen op hem af.
Blij geven ze elkaar een high five.
De keeper van de tegenpartij kijkt verbaasd om zich
heen.
Almere is compleet verrast door de snelle actie van de
Amsterdamse Boys.

Nu hebben de jongens van Almere de bal.
Met snelle één-tweetjes spelen ze naar voren.
Rik kijkt naar de bal, die steeds dichterbij komt.
Geen moment verliest hij hem uit het oog.
Een van de spitsen rent op Erik af.
Hij passeert Erik met een mooie schaarbeweging.
De spits van Almere staat nu vrij voor het doel van Rik.
Hij houdt even in en schiet.
Rik ziet de bal op zich afkomen.
Hij duikt naar de linkerhoek.
Yes! Hij heeft hem!

Snel speelt Rik de bal naar het middenveld.
Mahmoud vangt de bal op.
Maar al snel staat hij tegenover twee tegenstanders.
Verdorie, alweer balverlies voor de Amsterdamse Boys.
Almere speelt de bal meteen naar voren.
En weer stormen de spitsen op Rik af.
Een van de spitsen schiet.
Gespannen volgt Rik de bal.
Gelukkig, ver over zijn doel.
Almere is steeds in de aanval.
De ene na de andere bal wordt op Riks doel afgevuurd.
Rik duikt naar links en naar rechts.

Hij springt omhoog en rolt dan weer over de grond.
Ze spelen pas een half uur en Rik is nu al moe.

Na drie kwartier fluit de scheidsrechter voor de pauze.
Riks team staat met 1-0 voor.
Daar hebben ze hard voor moeten werken.
Vooral Rik.
De jongens zitten moe en bezweet in de kleedkamer.
'Jullie spelen goed,' zegt coach Sven.
'De eerste helft was niet makkelijk.
Almere was steeds in de aanval.
Maar jullie hebben het goed aangepakt.
Mahmoud was een goede aanvoerder.
En jullie hebben goed samengewerkt.
Jullie speelden echt als een team.
Ik ben erg trots!'

Mahmoud kijkt tevreden de kleedkamer rond.
'En we hebben een klassekeeper,' vindt hij.
En dan zegt Mahmoud streng:
'Maar we zijn er nog niet.
We moeten de tweede helft nog spelen.
En nu gaan wij in de aanval.
We gaan het karwei afmaken.'
'Goed idee,' zegt Koen.
En de teams gaan het veld weer op.

HOOFDSTUK 11

Een klassekeeper

Het elftal van Rik speelt de tweede helft van de
wedstrijd.
En die is gelukkig een stuk makkelijker dan de eerste
helft!
Raoul, Mees en Mahmoud, de middenvelders, zijn
steeds in balbezit.
Zij spelen de bal telkens weer slim naar voren.
Daar staan de drie spitsen, Sebas, Mehmet en Farid.
De spitsen zoeken naar een opening in de verdediging.
Loerend op een kans om 2-0 te maken.
En dan, na 25 minuten spelen in de tweede helft,
staat Sebas ineens vrij.
Snel speelt Mahmoud de bal naar hem toe.
Sebas legt de bal goed.
En met de zijkant van zijn voet
geeft hij de bal een rotknal.
Goal!!

Rik haalt opgelucht adem.
Gelukkig! 2-0!
Dat voelt een stuk beter dan 1-0!
De jongens van Almere balen flink.
De keeper scheldt op zijn verdediging.
De spitsen van Almere zijn nu heel geconcentreerd.
Ze rennen naar voren.

Maar Rik is meteen alert.
Hij kijkt goed om zich heen.

De meeste spelers van Almere zijn het middenveld al
over.
Zij rennen naar de Amsterdamse verdedigers.
De bal wordt snel overgespeeld.
Rik ziet dat een van de spitsen vrij staat.
Rik let goed op hem, straks krijgt hij vast de bal
toegespeeld.
En dan ineens, net als Rik het niet verwacht,
haalt een middenvelder van Almere uit.
Een keiharde bal komt recht op het doel af.
Met een grote sprong duikt Rik erbovenop.
Een enorm gejuich klinkt over het veld.
Wat een prachtige, snelle aanval.
En wat een geweldige redding door Rik!
Snel speelt Rik de bal weg.
Hij is opgelucht en trots tegelijk,
omdat hij deze moeilijke bal wist tegen te houden.

Een kwartiertje later fluit de scheidsrechter.
De wedstrijd is afgelopen.
Juichend gooit Rik zijn armen in de lucht.
Gewonnen! Ze hebben gewonnen!
Koen rent op hem af.
'Yes! Jiehoe!
We hebben onze eerste wedstrijd gewonnen!' roept hij
juichend.
Rik valt zijn vriend om de hals.
'Je hebt goed gespeeld, Rik,' zegt Koen bewonderend.
Rik knikt tevreden.

'Ja, het ging wel lekker!
Maar toch baal ik wel een beetje.'
Koen kijkt zijn vriend verbaasd aan.
'Balen, na zo'n wedstrijd? Waarvan dan?' vraagt hij.
'Waarom zit Anna nu niet op de tribune?' klaagt Rik.
En hij trekt een wanhopig gezicht.
'Nu keep ik geweldig.
Maar iedere keer als Anna kijkt,
speel ik als een dweil,' zucht hij.
Koen lacht.
Maar meteen heeft hij weer die bezorgde blik in zijn
ogen.
'Toch snap ik er niets van.
Je was vroeger nooit zo onzeker,' zegt hij.
Maar Rik kan niet vertellen waarom hij zo veranderd is
de laatste tijd.

Sebas slaat Rik vriendschappelijk op zijn schouder.
'Goed gespeeld man!' zegt hij hartelijk.
Ook de coach en Mahmoud komen Rik feliciteren.
'Goed gedaan! Mahmoud had gelijk in de pauze.
We hebben echt een klassekeeper,' zegt de coach trots.
'Bedankt coach,' zegt Rik.
'Die ademhalingstip van jou werkte echt.'
'En nu snel douchen, jongens.
Daarna gaan we onze overwinning vieren!' zegt coach
Sven.
'Yes! Bier!' roept Koen.
Sebas juicht en begint aan een polonaise.
'Bier, bier, bier!' roept hij uitgelaten.
'Jullie zijn knettergek.
Bier! Vergeet het maar,' grinnikt de coach.

'Jullie zijn 13 en 14 jaar.
Cola kunnen jullie krijgen.'
Koen haalt zijn schouders op.
'Ik kon het toch proberen?' zegt hij tegen Sebas.
Die geeft hem plagend een duw.

Juichend en joelend rent het elftal in de richting van de
kleedkamer.
Een van spitsen van Almere komt naar Rik toe.
Hij steekt zijn hand uit.
'Je hebt goed gespeeld.
Gefeliciteerd,' zegt hij.
Rik schudt de hand van zijn tegenstander.
'Jullie hebben het verdiend om te winnen.
En je hebt vast indruk gemaakt op de scouts,'
zegt de spits van Almere, terwijl hij verder loopt.
De scouts! Die was Rik helemaal vergeten.
Hij concentreerde zich alleen maar op de wedstrijd.
Dan kijkt Rik de spits na.
Wat sportief om hem te komen feliciteren.

Moe en bezweet loopt Rik naar de kleedkamer.
Hij is tevreden over zichzelf.
En het voelt goed om te winnen.
De meeste jongens zijn al klaar met douchen.
Als Rik onder de douche vandaan komt,
is alleen Raoul nog in de kleedkamer.
'Zal ik even op je wachten?' vraagt hij.
Rik schudt zijn hoofd.
'Hoeft niet joh!
Ik ben bijna klaar, ik kom er zo aan.'
Raoul propt zijn spullen in zijn tas.

Hij loopt de kleedkamer uit.
Terwijl Rik zich aankleedt,
denkt hij aan de wedstrijd.

'Zo, onze loser was op dreef vandaag.'
Rik schrikt op uit zijn gedachten.
Niels staat in de kleedkamer.
Niels, die hij al het hele weekend in het sportpark
probeert te ontlopen.
En nu is Rik alleen en kan geen kant op.

HOOFDSTUK 12

Winnen of verliezen?

Niels staat tegenover Rik.
Rik voelt de spanning door zijn lichaam gieren.
Zijn hoofd is meteen helder.
Hij voelt dat het niet goed is, dat Niels hier is.
Niels gaat relaxed op een van de banken in de
kleedkamer zitten.
'In de volgende wedstrijd gaat het tussen ons,' zegt hij.
Rik knikt.
Dat weet hij helaas maar al te goed.
'Ik hoef je vast niet te vertellen dat wij die wedstrijd gaan
winnen.'
Niels kijkt hem indringend aan.
'Ik weet niet of je goed gekeken hebt vandaag,'
antwoordt Rik.
'Maar ons elftal speelde erg goed.
We zijn in topvorm.
Wees er dus maar niet zeker van dat jouw elftal wint.'
Rik zegt het stoerder dan hij zich voelt.
'Precies, daarom ben ik hier.
Daar wil ik even met je over praten,' zegt Niels
geheimzinnig.

Pas op, zegt een stem in Riks hoofd.
Niels is niet te vertrouwen.
Rik voelt zich ongemakkelijk.

Wat wil Niels van hem?
Niels gaat wat dichter bij Rik op de bank zitten.
Rik strikt zijn veters.
Zijn hersens werken razendsnel.
En zijn hart klopt heel hard.
Wat wil Niels?
Rik voelt dat hij in de problemen zit.
Niels schraapt zijn keel.
Dan kijkt hij Rik uitdagend aan.
'Ik wil je een voorstel doen.'

'Een voorstel?'
Rik klinkt achterdochtig.
Niels knikt.
'Een voorstel waar wij allebei beter van worden.'
Rik slikt en kijkt Niels afwachtend aan.
Niels kijkt tevreden.
Hij ziet dat Rik zich ongemakkelijk voelt.
'Ik weet dat jij niet deugt, Rik.
Ik weet dat jij een game gestolen hebt.'
Rik schrikt enorm.

Het was dus toch Niels!
Al die gemene berichten en e-mails kwamen van Niels.
Maar hoe weet Niels dat ik die game gestolen heb?
vraagt Rik zich af.
Dat kan hij helemaal niet weten!
Hij wacht gespannen af.
Wat gaat Niels nog meer zeggen?
'Ik kan naar meneer Ibrahim van Houters gaan.
En hem dan alles vertellen.
Een telefoontje naar de politie kan natuurlijk ook.

Dan krijg je grote problemen.
En dan keep je vast niet meer zo goed.
Maar, we kunnen het ook anders doen.'

Zelfverzekerd kijkt Niels de kleedkamer rond.
'Ik zou ook mijn mond kunnen houden,' gaat Niels
verder.
'Maar dat doe ik natuurlijk niet zomaar.
Als ik wat doe voor jou, dan moet jij wat voor mij doen.
Daar zijn we tenslotte vrienden voor.'
Rik houdt het niet langer vol om niets te zeggen.
'Wij zijn helemaal geen vrienden meer,' bijt hij Niels toe.
'En geloof me, dat zullen we ook nooit meer worden.'
Niels kijkt hem koel aan.
'Dat is heel jammer. Voor jou dan.'
Hij staat op.
'Dan ga ik maar eens naar de politie.'
Rik staat op en balt zijn vuisten.

'Wacht. Wat wil je van me?'
Met een valse grijns op zijn gezicht draait Niels zich
om.
'Heel verstandig Rik.
Zal ik je dan toch mijn voorstel maar vertellen?'
Zuchtend gaat Rik zitten.
Hij moet wel naar Niels luisteren.
Hij heeft geen andere keuze.
Niels wacht even voor hij begint te praten.
'Ik had het zo gedacht.
Als ik jou help, dan help jij mij.
Ik vertel aan niemand dat jij een dief bent.
En jij?

Jij zorgt ervoor dat wij de wedstrijd van overmorgen winnen.'

'Wát?' roept Rik uit.
'Je hebt me wel gehoord.
Jij gaat zorgen dat ik die wedstrijd win, Rik.
En dat is heel simpel.
Jij bent tenslotte de keeper.
Je hoeft alleen maar te zorgen dat je wat ballen doorlaat.
Per ongeluk natuurlijk.
Helemaal per ongeluk.'
Riks gezicht wordt helemaal wit.
Dit is nog erger dan hij ooit had kunnen denken.
'Jij wilt dat ik ballen doorlaat? Expres?'
Riks stem klinkt vol ongeloof.
Niels knikt, heel langzaam. 'Yep!'
Allerlei gedachten razen door Riks hoofd.
Hoe komt hij uit deze onmogelijke situatie?

Als hij ballen doorlaat, is dat niet eerlijk voor zijn vrienden.
Maar als hij het niet doet, zal Niels zijn geheim vertellen.
Wat moet hij kiezen?
Winnen of verliezen?
'Ik kan geen ballen doorlaten.
Dat is niet eerlijk en niet sportief,' zegt Rik tenslotte.
'Dat is jouw keuze, vriend.
Dan is je geheim niet langer meer geheim,' antwoordt Niels.

Rik denkt na. Hij is wanhopig.
'Maar het kan gewoon niet.
Als ik ballen doorlaat, valt dat op.'
'Ach, je kunt toch de verkeerde hoek kiezen?
Of over de bal heen duiken?' zegt Niels.
'Maar, ik weet niet hoe ik dat moet doen.
Dat valt meteen op,' zegt Rik zenuwachtig.
Niels staat op.
'Je bedenkt er vast wel wat op.'

Niels en Rik staan nu dreigend tegenover elkaar.
'Dus, wij hebben een afspraak?' vraagt Niels ijzig.
Rik heeft geen keuze.
Zijn geheim mag niet bekend worden. Nooit.
Niemand mag weten dat hij een dief is.
Woedend en zonder wat te zeggen draait Rik zich om.
'Mooi, dat is dan afgesproken,' zegt Niels tevreden.
Hij loopt fluitend de kleedkamer uit.

Verslagen laat Rik zich op de bank vallen.
Wat een zooitje heeft hij er toch van gemaakt.
Hij moet nu ballen gaan doorlaten.
Omdat zijn geheim nooit bekend mag worden.
Maar expres ballen doorlaten,
dat is iets heel ergs om te doen.
Misschien is dat nog wel erger dan stelen.
Hoe Rik ook nadenkt, hij komt er niet uit.
Kon hij er maar met iemand over praten.

HOOFDSTUK 13

Tegenhouden
of doorlaten?

Het is de dag van de tweede wedstrijd.
De wedstrijd tegen SV Diemen, het elftal van Niels.
De afgelopen twee dagen was Rik chagrijnig.
Na de eerste wedstrijd was er een overwinningsfeestje.
Rik was daar niet naartoe gegaan.
Zijn vrienden begrepen daar helemaal niets van.
Dankzij Rik hadden ze de wedstrijd gewonnen.
Waarom feestte hij niet mee?
Rik had toen gelogen dat hij zich niet lekker voelde.

En nu zit Rik in de kleedkamer.
Hij moet zich klaarmaken voor de wedstrijd.
Rik is heel erg zenuwachtig.
Hij probeert zijn veters te strikken.
Zijn handen trillen.
Koen kijkt hem verbaasd aan.
'Relax, man. Het komt vast wel goed.
Ons team is veel beter.
Voor de vorige wedstrijd was je ook niet zo gestrest.'
Ook Mahmoud ziet Riks trillende handen.
'Maak je niet zo druk, Rik. Je kunt het.
Je bent de beste keeper van het toernooi.'
Rik weet dat Mahmoud het goed bedoelt.
Maar eigenlijk wil hij alleen maar dat hij weggaat.
Dat ze hem allemaal met rust laten.

Als zijn veters gestrikt zijn,
staat hij op en loopt naar het veld.
'Hé Rik, je handschoenen,' roept Sebas hem na.
Rik draait zich om.
Hij graait zijn keepershandschoenen van de bank.
'Als dat maar goed gaat,' hoort hij Raoul tegen Sebas
zeggen.
'Ja, Rik let helemaal niet op,' antwoordt Sebas.

Even later staat het hele elftal op het veld.
Rik voelt zijn bloed door zijn aderen suizen.
Zo gespannen is hij.
In het eerste kwartier gaat alles goed.
Koen en Mo verdedigen prima.
Ze laten geen bal voorbij en Rik hoeft niet veel te doen.
Maar plotseling komt de tegenpartij eraan.
Zo over het middenveld en dwars door de verdediging.
En even later staan ze voor het doel.
Hou ze tegen, denkt Rik paniekerig.
Boos roept en zwaait hij naar de verdedigers.
'Doe dan wat!' roept hij boos.
Niels vraagt om de bal en krijgt hem toegespeeld.
Even, heel even kijkt hij Rik aan.
Maar dat even is genoeg.

Rik verstart.
Wat moet hij doen?
De bal tegenhouden of doorlaten?
Winnen of verliezen?
Rik weet echt niet wat hij moet kiezen.
Niels haalt uit en... goal.
Rik slaat zijn handen voor zijn ogen.

Nee, zou hij willen roepen.
Hij heeft de bal doorgelaten.
En het was nog wel een heel simpele bal...

Rik hapt naar adem.
'Wat ben ik toch een idioot,' roept hij over het veld.
'Een rund, een...'
Hij zou zijn hoofd wel tegen de doelpaal willen beuken.
Koen loopt naar hem toe.
'Ach Rik. Dat kan gebeuren.
Zorg dat je er met je hoofd bij blijft nu.'
Het zijn aardige woorden van Koen.
Maar Rik ziet dat Koen het niet begrijpt.
Het was zo'n makkelijke bal.
Het spijt me Koen, denkt Rik.
Ik kon niet anders. Ik had geen keuze.
Maar dat kan ik je niet vertellen.

Rik hoopt dat de bal de rest van de wedstrijd
ver van zijn doel vandaan blijft.
Want wat moet hij doen als Niels weer voor zijn doel
staat?
De bal weer doorlaten? Nog een keer?
Dat is niet eerlijk tegenover zijn vrienden.
Gelukkig spelen zijn teamgenoten goed.
De meeste tijd zijn ze op de helft van Diemen te vinden.
Een paar keer rukt het elftal van Niels op.
Niels zelf blijft dreigend voor het doel van Rik hangen.
'Je weet het hè,' fluistert hij Rik toe.
'Je weet wat er gebeurt als je je niet aan onze afspraak
houdt.'
Machteloos schopt Rik tegen de paal van zijn doel.

Wat een afschuwelijke situatie.
En het is allemaal zijn eigen schuld.
Rik schrikt op.
Niels is weer in balbezit.
Hij moet nu opletten en niet aan zijn problemen
denken.
Zo snel hij kan komt Niels op het doel af.
Zelfverzekerd kijkt hij Rik even aan.
Ik ga scoren, leest Rik in Niels' ogen.
Niels legt de bal goed voor zijn voet om uit te halen.
'Deze bal heb ik.
Ik laat mijn vrienden niet nog een keer in de steek,'
fluistert Rik tegen zichzelf.
Rik maakt zich klaar om een hoek te kiezen en te duiken.
De grensrechter vlagt en de scheidsrechter fluit.
Buitenspel! Niels stond buitenspel!
Rik ontspant zich.
Gelukkig. Het gevaar is geweken.
Tenminste, voor dit moment.

En dan klinkt de fluit van de scheidsrechter.
Rust, de eerste helft zit erop.
Rik slentert naar de kleedkamer.
Hij aarzelt even voor hij de kleedkamer inloopt.
Hoe kan hij nu naast zijn vrienden gaan zitten,
na wat hij gedaan heeft?
Rik laat zich op de bank zakken.
Hij durft de anderen niet aan te kijken.
Bang dat ze zijn geheimen van zijn gezicht kunnen
lezen.
Want nu heeft hij twee geheimen:

de diefstal en de bal die hij doorgelaten heeft.
Rik weet niet welk geheim erger is.

De coach komt naar Rik toe.
'Hoe gaat het met je?' vraagt hij bezorgd.
'Denk aan je ademhaling.
Daarmee kun je je zenuwen onder controle houden,
weet je nog?'
Rik hoort de woorden van de coach vaag.
Ze klinken ergens ver weg.
Hij staart strak naar de grond.
Maar hij voelt dat de andere jongens naar hem kijken.
Hoe kan hij dit ooit goedmaken?
Zijn vrienden rekenden op hem.
Maar hij liet de bal door.
Hij liet zijn vrienden in de steek.
Kan hij eigenlijk nog wel iets doen om het goed te
maken?
Hoe overleeft hij de tweede helft?
Hoe kan hij zijn fout goedmaken?
Hoe kan hij ervoor zorgen dat Niels zijn geheim niet
verder vertelt?

HOOFDSTUK 14

Verloren?

De rust is voorbij.
'Kom jongens, het veld op!'
Coach Sven klapt in zijn handen.
De jongens staan op en lopen naar het veld.
'De bal moet meteen naar voren.
Jullie moeten zo snel mogelijk de gelijkmaker scoren,'
zegt Mahmoud tegen de spitsen.
'Als we met 2-0 achterstaan, kunnen we het wel
vergeten.
Dan is het toernooi voor ons voorbij.'
Rik blijft zitten.
Hij wil het veld niet op.
'Kom, Rik,' zegt de coach.
'Het is tijd.'
'Ik kan niet,' antwoordt Rik met een angstig stemmetje.
'Ik voel me niet goed.
Zet Thomas, de reservekeeper, maar in.'
Coach Sven kijkt Rik verbaasd aan.
Hij denkt even na.
'Nee Rik, je gaat gewoon het veld op.
Geen gezeur.
Je moet doorzetten, ook als het even tegenzit.
Je kunt het niet zo maar opgeven.'
Zuchtend staat Rik op.
En met tegenzin loopt hij het veld op.

Ze staan nu met 1-0 achter.
Het team van Niels zal blijven aanvallen.
Wat zal er gebeuren als Niels straks weer voor zijn doel
staat?
Wat moet Rik dan doen?
Rik sjokt naar zijn doel.
Mahmoud staat daar al op hem te wachten.
'Rik, blijf opletten.
Zorg dat je geen ballen meer doorlaat.
Wij gaan deze helft in de aanval.
En we zullen proberen te scoren.
Zo snel mogelijk.
Als we deze wedstrijd verliezen, liggen we eruit.
Dan moeten we naar huis.
Maar we hebben nog een kans op de halve finale.
Dan moeten we wel gelijk spelen.
We hebben je nodig.'
Rik knikt.
Het hangt allemaal van hem af.
Dat weet hij maar al te goed.
Zijn team vertrouwt op hem.

De tweede helft is begonnen.
Mahmoud speelt de bal snel naar voren.
De bal komt bij Sebas, die hem behendig aanneemt.
Sebas rent zich vrij van zijn tegenstander.
Farid en Mehmet zijn ook al voorin.
Sebas speelt de bal naar Mehmet.
En die geeft Farid een voorzet.
Een mooie strakke bal, die bij Farid terecht komt.
Farid staat stevig op zijn linkerbeen.
Hij haalt met rechts uit.

Een snoeiharde bal vliegt op het doel af.
Even snoeihard ketst de bal tegen de paal weer terug het veld in.
Ooeeii, klinkt er in het publiek.

Maar ze krijgen nog een kans.
Want Raoul heeft de bal opgevangen.
Hij geeft hem meteen een hens naar voren,
zonder echt goed te richten.
Met een beetje geluk komt de bal bij Mehmet terecht.
Hij vangt de bal handig op.
Mehmet speelt hem snel door naar Sebas.
Zonder te aarzelen schiet Sebas op het doel.
Hij raakt de bal van onderen
en trapt hem over zijn tegenstanders heen.
Rik houdt zijn adem in.
Oei! Net naast.
Dat scheelde niets.

Even was Rik al zijn problemen vergeten.
Hij ging helemaal op in de spanning van de wedstrijd.
Maar nu ziet hij het team van Niels oprukken naar zijn helft.
In de richting van zijn doel.
Meteen zijn al zijn problemen weer terug.

Daar komen ze, de spitsen van Diemen.
'Hier met die bal,' hoort Rik Niels roepen.
'Ik sta vrij.'
Riks adem stokt even in zijn keel.
Straks staat Niels weer voor zijn doel.
Wat dan?

Maar gelukkig.
Koen laat het niet zo ver komen.
Met een mooie sliding pakt hij de bal van Niels af.
Vol drama laat Niels zich vallen.
Zijn gezicht vertrekt van de pijn.
'Au, au, mijn enkel,' roept hij.
Aansteller, denkt Rik.
Koen raakte je nauwelijks.

Rik haalt opgelucht adem.
Maar zijn opluchting duurt niet lang.
Voor hij het weet, is de bal alweer op zijn helft van het veld.
De spitsen van Diemen komen steeds dichterbij.
Niels krabbelt snel overeind.
Hij vraagt om de bal.
Ineens heeft hij nergens meer last van.
Niels komt dreigend op Rik af.
De bal houdt hij dicht bij zijn voet.
Dan haalt hij uit, keihard.
Rik kijkt naar de bal en duikt erbovenop.

Naast hem gaat Niels tekeer.
Hij vloekt luid en scheldt Rik uit.
Dreigend rent hij op Rik af.
'Waar ben jij mee bezig, loser?' schreeuwt hij.
'Ik ram je helemaal in elkaar als je me dit nog eens flikt.'
'Hé man, doe even een beetje normaal zeg!'
Koen gaat snel tussen Niels en Rik in staan.
De scheidsrechter komt aangerend.
'Is er een probleem, heren?' vraagt hij.
Rik schudt zijn hoofd en Niels loopt weg.

Maar hij kijkt nog eens dreigend naar Rik.
En even later, als niemand kijkt,
maakt Niels een dreigend gebaar naar hem.
Snel kijkt Rik de andere kant op.

Rik trapt de bal het veld in, zo ver hij kan.
Het kan hem niet schelen waar de bal is.
Als hij maar ver weg van zijn doel is.
De bal komt helemaal bij Farid terecht.
Die begint meteen te sprinten.
Hij legt de bal recht voor het doel
en Sebas hoeft alleen maar te koppen.
Ja! 1-1.

Tevreden kijkt Rik het veld rond.
Dan ziet hij dat Niels naar hem kijkt.
Niels balt zijn vuist en kijkt hem vuil aan.
Hij brengt zijn hand naar zijn keel
en maakt een snijdend gebaar.
Pas op, jongen, betekent dat.
Dit kan je je kop kosten.
Plotseling rent Mahmoud op Niels af.
Hij heeft het dreigement van Niels ook gezien.
Rik ziet Mahmoud schreeuwen.
En boos met zijn armen zwaaien.
Hij kan niet verstaan wat Mahmoud allemaal naar Niels
roept.
De scheidsrechter rent naar de ruziënde jongens toe.
Hij waarschuwt Mahmoud.
Gelukkig geeft hij geen gele kaart.

De spitsen van SV Diemen zijn al weer op weg
naar het doel van Rik.
Ze zijn van plan om te scoren.
Dat zie je aan hun gezichten.
Niels krijgt de bal toegespeeld.
Maar een van de Amsterdamse verdedigers is sneller.
Frank speelt de bal snel weg.
Niels is woedend.
Hij tackelt Frank.
Gillend van de pijn valt Frank op de grond.
De grensrechter gebaart.
Er moet verzorging voor Frank komen.
De scheidsrechter is er snel bij.
Hij trekt een gele kaart voor Niels.
Ook geeft hij Niels flink op zijn kop.
Zo'n gemene overtreding was nergens voor nodig.

Frank ligt nog steeds op de grond.
Hij kermt van de pijn.
Hij heeft zijn handen om zijn been geklemd.
Niels heeft hem hard tegen zijn enkel geraakt.
De verzorger doet er snel ijs op.
Maar Franks enkel wordt dikker en dikker.
Het lukt Frank niet om op zijn enkel te staan.
'Ik wil wisselen,' zegt de coach tegen de scheidsrechter.
De scheids knikt en fluit.
Frank wordt het veld afgedragen.

Diemen speelt steeds feller.
Ze maken steeds meer overtredingen.
De scheidsrechter trekt een paar gele kaarten.
Streng waarschuwt hij de jongens.

'Nog een keer geel en je kunt het veld af, knul,' zegt hij
tegen Niels.
'Ik meen het, probeer me niet uit!'
Maar het elftal uit Diemen trekt zich er niets van aan.
Ze blijven hard spelen.
Ze willen per se scoren.
De wedstrijd winnen.
Al kost het hun een rode kaart.
Mahmoud probeert zijn elftal rustig te houden
tegenover zoveel agressie.
'Wij blijven eerlijk spelen,' roept hij zijn team toe.
'Laat je niet opfokken door die aso's.
En jullie blijven achter, bij Rik,' zegt hij tegen de
verdedigers.

Eindelijk fluit de scheidsrechter voor het einde van de
wedstrijd.
Gelukkig.
Rik loopt in de richting van de kleedkamers.
Dan blokkeert Niels hem de weg.
'Wat was dat nou?' vraagt hij agressief.
Snel komen Mahmoud en Koen aangerend.
'Ga weg Niels.
Jij hebt al genoeg ellende veroorzaakt.
Misschien heeft Frank zijn enkel wel gebroken,' zegt
Mahmoud fel.

Terwijl zijn vrienden voor Niels staan,
vlucht Rik snel naar de kleedkamer.
Hij wil Niels echt niet spreken.
Rik is opgelucht.
Hij is blij dat hij de tweede helft niet onder de druk

en dreigementen van Niels bezweken is.
Maar ook is hij boos.
Boos op zichzelf.
Omdat hij de eerste helft de bal van Niels doorgelaten heeft.
En Rik is ook bang.
Misschien zal Niels zijn geheim nu toch verraden.

HOOFDSTUK 15

Een klassekeeper met een groot probleem

In de kleedkamer trekt Rik vlug zijn voetbalkleren uit.
Hij gaat snel naar de douches.
Hij heeft geen zin om te praten met de anderen.
Raoul komt naast hem staan in de douche.
'Jee, man, dat je die bal niet had in de eerste helft.
Zag je hem niet ofzo?'
Ook Mees kan niet geloven dat Rik de bal van Niels
miste.
'Ja, die bal zag er echt niet moeilijk uit.
Wat ging er mis?' vraagt Mees.
'Joh, laat hem even met rust,' komt Mahmoud ertussen.
'Rik heeft die bal echt niet met opzet doorgelaten, hoor.
Hij zal er zelf wel meer van balen dan jullie.'
Rik kijkt Mahmoud dankbaar aan.
Omdat hij het voor hem opneemt.
Maar meteen voelt hij zich ook erg schuldig.
Hij heeft de bal wél met opzet doorgelaten.
Maar dat weet niemand.

Later die dag zit het hele elftal aan tafel voor het
avondeten.
'Gatsie. Worteltjes.
Ik hou niet van wortels,' zegt Koen.
'Niet zeuren.

We hadden ook spruitjes op tafel kunnen zetten,' zegt coach Sven.
Meteen houdt iedereen zijn mond.
'Eet jij maar veel wortels.
Dat is goed voor je ogen.
Dan zie je de bal de volgende keer misschien aankomen,' zegt Mees tegen Rik.
De anderen lachen.

Aan tafel is Rik nog stiller dan anders.
Dat komt omdat zijn vrienden hem een beetje plagen met de bal die hij miste.
Hij begrijpt dat wel.
Ze zijn teleurgesteld.
Door een fout van hem hebben ze gelijkgespeeld.
En niet gewonnen.
Rik krijgt bijna geen hap door zijn keel.
Hij voelt zich zo schuldig.

Na het eten haalt Erik de spelletjes tevoorschijn.
'Wie doet er mee met kolonisten?' vraagt hij.
'Ik!' roept Farid meteen.
Ook Mees en Sebas schuiven aan.
Even later doet bijna de helft van de jongens kolonisten.
De rest speelt stratego.
Rik heeft geen zin om mee te doen.
'Ik ga even naar buiten,' zegt hij tegen Mehmet.
Rik zit in zijn eentje op het trapje naar de slaapzaal.
'Ik wil even met je praten,' zegt de coach.
Rik schrikt.
Weet de coach het?
Dat hij de bal van Niels expres doorgelaten heeft?

'Waarom schrik je nu zo?' vraagt coach Sven.
'Wat is er toch met je aan de hand?'
Rik antwoordt niet.

'Rik? Als er iets is, dan moet je er over praten.
Dat helpt.'
Rik kijkt zijn coach fel aan.
'Wat denk je dat er is?
Ik ben een rund dat ik die bal niet had.
En dat vind ík niet alleen.
Dat vinden de anderen ook.
Ze pesten me al de hele avond.'
Rik krijgt een rood hoofd.
Hij liegt tegen coach Sven.
En hij doet nu net of het de schuld van de anderen is.
'Ik moet eerlijk zeggen dat ik ook verbaasd was
dat je die bal miste,' zegt de coach rustig.
'Maar dat kan gebeuren..
We maken allemaal fouten.
De tweede helft lette je veel beter op.
Je hebt je goed hersteld. Dat was knap.'

'Je begrijpt het niet.
Je begrijpt er niets van,' zegt Rik boos.
'Natuurlijk niet.
Als jij me niets vertelt,
begrijp ik er inderdaad niets van.
Had je weer last van alle spanning?' vraagt de coach.
Rik merkt dat de coach hem graag wil helpen.
Maar dat kan gewoon niet.
Niemand kan hem helpen.
Niemand mag het weten.

Rik staat op en loopt de slaapzaal binnen.
'Ik ga naar bed,' zegt hij.
Hij slaat de deur achter zich dicht.
Maar het lukt Rik niet om te slapen.
Hij denkt aan de eerste wedstrijd.
Aan hoe trots de coach en de anderen op hem waren.
Een klassekeeper hadden ze hem genoemd.
Maar die klassekeeper heeft nu zijn eigen team
verraden.
Die klassekeeper heeft een groot probleem.

HOOFDSTUK 16

Alweer op het veld

De volgende dag moeten de jongens alweer het veld op.
Ze spelen hun derde wedstrijd.
Het is de laatste wedstrijd in hun poule.
Rik is blij dat hij weer mag voetballen.
Als hij in zijn doel staat,
hoeft hij tenminste niet te praten.
En hij hoeft ook niet bang te zijn
dat hij Niels ergens in het sportpark tegenkomt.

Beide teams staan al op het veld.
De Amsterdamse Boys en Lewedorp.
Voor het eerst spelen de Amsterdamse Boys in een
andere opstelling.
Frank heeft een gekneusde enkel en kan daarom niet
spelen.
Hij kan zelfs bijna niet lopen.
Hij heeft krukken nodig.
Tobias staat voor het eerst in de basis opgesteld.
Hij ziet er nog zenuwachtiger uit dan Rik voor de
wedstrijd tegen Niels.
Tobias' gezicht is bleek en zijn handen trillen.
Rik weet precies hoe hij zich voelt.
'Het komt wel goed,' fluistert Rik bemoedigend tegen
Tobias.
Tobias knikt, maar zegt niets.

De wedstrijd gaat goed voor het team van Rik.
De Amsterdamse Boys spelen zelfs heel erg goed.
Rik heeft bijna niets te doen.
En als hij wat moet doen,
dan redt hij de ene na de andere moeilijke bal.
Riks zelfvertrouwen komt weer helemaal terug.
'Héé, het is hier wel eenzaam hoor!'
roept Rik over het veld.
'Jullie spelen met z'n allen alleen maar
op de helft van de tegenpartij!
Dat is niet goed hoor.
Ik heb niets te doen.
Dan zien die scouts nooit dat ik een wereldkeeper ben,'
schept hij op.
Mahmoud lacht. 'Hé praatjesmaker.
Zorg jij maar dat je wakker blijft.
Terwijl wij al het werk doen.'
Bij de rust staat het elftal van Rik al met 3-0 voor.
Sebas heeft twee keer gescoord en Farid één keer.
Rik maakt zich geen zorgen.
Ze winnen deze wedstrijd, dat is zeker.

'Verdorie ik moet ook nog scoren,' zegt Mehmet in de
pauze.
'Anders lijkt het net of ik onze slechtste spits ben.'
Hij kijkt even verwaand naar Sebas en Farid.
'En ik ben toch een stuk beter dan jullie tweetjes bij
elkaar.'
Meteen springen Sebas en Farid bovenop hem.
'Ten aanval!' schreeuwt Farid.
Zijn stem galmt door de kleedkamer.
Coach Sven staat er lachend bij te kijken.

'Ik denk niet dat je je zorgen hoeft te maken, hoor
Mehmet.
Jij maakte bij twee van de drie goals een mooie voorzet.
Dat hebben we allemaal kunnen zien.'
Nu kijkt Mehmet weer tevreden.

Rik heeft zin in de tweede helft.
Hij voelt zich heel erg sterk in zijn doel.
Een kwartiertje later staan beide teams weer op het veld.
Maar nu wordt het spannend voor het elftal van Rik.
Lewedorp is in de aanval.
Hun spitsen zijn steeds voor Riks doel te vinden.
De verdediging van de Amsterdammers is niet sterk
genoeg.
Ze worden aan alle kanten aangevallen.
Rik blijft kalm en hij let goed op.
Een paar keer wordt het echt gevaarlijk voor Riks doel.
Maar Rik houdt heel rustig iedere bal tegen.
Geen probleem, denkt hij zelfverzekerd.
Ik heb alles onder controle.

Rik heeft het idee dat de tweede helft nog maar net
begonnen is.
Maar dan fluit de scheidsrechter al.
Het einde van de wedstrijd.
Verbaasd kijkt Rik op de klok.
Die staat inderdaad op 90 minuten.
Ja, de wedstrijd is echt voorbij.
'Yes! We hebben met 3-0 gewonnen,' juicht hij.
Ook Koen juicht.
'De halve finale!
We staan in de halve finale!'

De spitsen zetten een vrolijke polonaise in.
'Ze doen net alsof we het hele toernooi al gewonnen hebben.'
Mahmoud kijkt hoofdschuddend naar Farid, Mehmet en Sebas.
Dan omhelst hij Rik.
'Goed gespeeld, man!'
Rik knikt trots.
Hij voelt zich oppermachtig.
De beste keeper van de wereld.

HOOFDSTUK 17

De loting

'Hup, naar de kleedkamer.
Even doorwerken allemaal.
Straks is de loting voor de halve finales.
En daar wil ik bij zijn.'
Coach Sven klinkt gehaast.
'Hé, coach. Een beetje kalm.
Je hebt het wel tegen het winnende team hoor!'
zegt Mehmet een beetje geïrriteerd.
Mehmet baalt flink.
Hij is de enige spits die vandaag niet gescoord heeft.
Farid en Sebas hebben wel allebei goals gemaakt.

'Goh, wat denk je?' vraagt Sebas op een plagerige toon.
'Zou ík topscorer worden van dit toernooi? Of jij?'
'Hmm, lastige vraag,' antwoordt Farid.
'Wij zijn de beste spitsen van dit toernooi.'
'Ja, wíj scoren tenminste!' zegt Sebas.
Farid en Sebas bulderen van het lachen.
Mehmet loopt rood aan en balt zijn vuist.
Rik slaat vriendschappelijk zijn arm om hem heen.
'Laat ze toch.
Die twee zijn gestoord,' zegt hij troostend tegen
Mehmet.
'Farid! Sebas! Hou eens op met klieren

en ga douchen,' buldert de coach door de kleedkamer.
De jongens haasten zich naar de douche.

Een halfuurtje later zit het hele elftal aan tafel.
Flessen cola en sinas staan al klaar.
Mahmoud heeft zijn armen vol met zakken chips.
'Jongens, over een uur is de loting.
En daarna gaan we eten.
Dus eet je niet misselijk aan de chips,' zegt coach Sven.
Farid gooit plagend wat chips naar de coach.
'Het is wel vermoeiend hoor,
een hele week met jullie in Drenthe!' zegt coach Sven.
'Ja echt balen, hè?
Dat we de halve finale hebben bereikt.
Kan je nog niet naar huis!' zegt Sebas plagend.
De coach slaat vriendschappelijk een arm om Sebas
heen.
'Ja, ik vind het vre-se-lijk dat jullie zo goed spelen!'
zegt hij lachend.
Maar dan klinkt de coach serieus.
'Ik ben echt heel trots op jullie.
Jullie voetballen niet alleen goed.
Maar jullie werken ook echt samen.
Als een team.'

Vier teams hebben de halve finales bereikt.
Een uurtje later zitten al deze teams in de kantine van
het sportpark.
Het is tijd voor de loting.
Straks weten ze welke teams tegen elkaar zullen spelen.
De namen van de teams staan op briefjes geschreven.

Al die papiertjes zitten dubbelgevouwen in een grote
schaal.
Een van de scheidsrechters mag de briefjes uit de schaal
pakken.
Zo wordt bepaald welke elftallen in de twee halve finales
tegen elkaar spelen.
Rik maakt zich een beetje zorgen om de loting.
Zijn team en het elftal van Niels zijn allebei door.
Straks moet hij weer tegen Niels spelen.
En dat is het laatste wat hij wil.

Koen ziet Riks sombere gezicht.
Hij raadt Riks gedachten.
'Joh, de kans is heel klein
dat we weer tegen Niels moeten voetballen.
Er zijn in totaal vier teams over.
De kans is dus 1 op 3 dat we tegen Niels moeten
voetballen.
Geloof mij nou maar.
Ik ben goed in wiskunde, weet je nog!'
Maar toch is Rik er niet gerust op.
Hij wacht vol spanning af.

'Goed, de eerste trekking,' zegt de scheidsrechter.
'De eerste halve finale is morgen al.
En die gaat tussen...'
Hij haalt het eerste papiertje uit de schaal.
'De Drenthse Boys!'
Snel graait hij weer in de schaal.
'En... Berkel-Rodenrijs!'
Door de kantine klinkt gejuich en applaus.
'Oh nee,' kreunt Rik.

Koen schudt zijn hoofd.
'Dat is inderdaad mooi shit,' zegt hij.
Rik zoekt tussen alle voetballers naar Niels.
Niels kijkt hem grijzend aan.
De scheidsrechter kijkt naar de twee overgebleven
briefjes in de schaal.
'Tja, de laatste wedstrijd is dan geen verrassing meer,
natuurlijk.
SV Diemen moet tegen de Amsterdamse Boys.
Dat zal vast een spannende wedstrijd worden.
Want de vorige keer waren beide teams even sterk.
In de halve finale is gelijkspel niet genoeg.
Een van de teams zal moeten winnen.
Desnoods na strafschoppen.'
Rik luistert al niet meer.
Gespannen loopt hij de kantine uit.
Zijn zelfvertrouwen is weer helemaal weg.

HOOFDSTUK 18

Weer tegen
SV Diemen

Na de loting gaat het elftal terug naar de slaapzaal.
Het is etenstijd.
Mehmet, Sebas en Farid praten over de halve finale.
'De vorige keer was het gelijkspel.
Maar nu gaan we van ze winnen,' roept Sebas fel.
'Ik denk dat ik maar een hattrick maak,' zegt Farid.
'Een hattrick? Drie goals in één wedstrijd dus?' vraagt
Sebas.
'Ja, dan ben ik vast en zeker topscorer van het toernooi.'
'Wacht eens, niet als ík drie keer scoor.
Dan ben ík de topscorer!' zegt Mehmet uitdagend.
'Hé jongens, vergeet mij niet!' zegt Sebas.
'Ik heb de laatste drie wedstrijden al vier keer gescoord!
Grote kans dus dat ik de topscorer wordt!'

Rik luistert niet echt naar de spitsen die elkaar plagen.
Hij zit maar wat met zijn eten te spelen.
Ze moeten in de halve finale weer tegen het team van
Niels.
Rik vindt het vreselijk.
Wat is erger?
Dat iedereen denkt dat hij een slechte keeper is?
Of dat hij zijn zenuwen niet de baas kan?
Of dat mensen denken dat hij een dief is?
Boos schudt Rik zijn hoofd.

Dénken dat je een dief bent?
Je bént gewoon een dief.
Als je steelt ben je een dief, denkt hij streng.
Ook als je het maar één keer hebt gedaan.
Die gedachte krijgt Rik niet uit zijn hoofd.
Hij heeft gestolen en dus is hij een dief.
Dief, dief, dief, klinkt het in Riks hoofd.

Koen stoot Rik aan.
'Heb je geen honger?'
Rik haalt zijn schouders op.
'Nee, niet echt.'
'Mag ik je frikadel dan?' vraagt Koen.
Hongerig kijkt hij naar Riks bord.
Rik prikt zijn frikadel aan zijn vork.
En legt hem op Koens bord.
'Wat zit je dwars?
Dat we weer tegen het team van Niels moeten?'
vraagt Koen met zijn mond vol.
Rik knikt langzaam.

'Joh, dit is onze kans om alles goed te maken.
Dit keer kunnen we winnen.
Nu kunnen we ze laten zien
dat we echt beter zijn,' vindt Koen.
'En dat we eerlijker voetballen.'
Mahmoud bemoeit zich er nu ook mee.
'Je moet het zien als een kans, Rik.
Een kans om het beter te doen dan de vorige keer.
Ik bedoel, zo'n bal mis je nooit meer.'
Rik gooit zijn bestek op zijn bord.

Hij duwt de bank waarop hij zit ruw naar achteren.
Mehmet en Koen vallen bijna van de bank af.

Rik rent de slaapzaal uit.
Koen komt achter hem aangerend.
'Zo bedoelde Mahmoud het vast niet,' zegt hij.
'Weet je nog dat doelpunt van Niels in de tweede
wedstrijd?' vraagt Rik.
'Ja natuurlijk.
Ik kan ook nog steeds niet geloven dat je die doorliet,'
zegt Koen.
Rik slikt.
Nu moet hij het zeggen, alles eerlijk vertellen.
Hij heeft al te lang gelogen.
'Ik had hem kunnen hebben.'
Koen lacht. 'Ja, dat lijkt mij ook.
Kop op, zoiets gebeurt je heus geen tweede keer!'

'Nee, je begrijpt het niet.
Ik had die bal moeten hebben.
Kúnnen hebben.'
Rik weet niet hoe hij het moet uitleggen.
'Ik heb de bal doorgelaten.
Expres, met opzet dus,' zegt hij.
De verbazing is op Koens gezicht te zien.
'Hoe bedoel je?' vraagt hij ijzig.
Rik schrikt van de blik in Koens ogen.
Hij aarzelt even voor hij antwoord geeft.
'Dat moest van Niels.
Ik moest de bal doorlaten van Niels,' stamelt hij.
'En jij doet wat Niels zegt?'
Koens verbazing maakt plaats voor woede.

'Je luistert naar die etterbak?
En je verraadt ons dus allemaal?
Omdat het moest van Niels?'
'Je begrijpt het niet,' zegt Rik wanhopig.
'Nee, ik begrijp er inderdaad helemaal niets van.'
Koen loopt boos weg.

HOOFDSTUK 19

Vechten

'Wakker worden!
Snel ontbijten en daarna hebben we conditietraining.'
De volgende ochtend probeert coach Sven de jongens
uit hun slaapzak te krijgen.
Dat valt nog niet mee.
'Opstaan!' roept hij nog eens.
Ze zijn gisteravond veel te laat naar bed gegaan.
En in bed bleven ze maar praten over de halve finale.
Een uurtje later staat iedereen dan toch op het veld.
Sommige jongens zien er nog niet erg wakker uit.
De coach laat ze eerst wat rondjes rennen.
Zo worden de jongens goed wakker.
Rik is blij dat hij zijn energie kwijt kan.
Het voelt goed om rondjes te rennen.
Zo raakt zijn hoofd tenminste leeg.

Hij heeft Koen niet meer gesproken sinds gisteravond.
Rik was na hun gesprek meteen naar bed gegaan.
En vanmorgen durfde Rik Koen niet aan te kijken.
'Maak even tweetallen en probeer je tegenstander te
passeren.
Probeer de bal van elkaar af te pakken.
Zonder overtredingen te maken,' zegt de coach.
'De vorige keer speelde Diemen steeds gemener.
Maar daar doen wij niet aan mee.

Wij pakken de bal af door een goede techniek.
Niet door overtredingen.'
Dan kijkt de coach naar Rik.
'Beide keepers komen met mij mee.'
De coach laat Rik en Thomas naar alle hoeken van het
doel duiken.
Thomas krijgt meer ballen dan Rik.
Gaat de coach Thomas de volgende wedstrijd opstellen?
vraagt Rik zich af.
Vindt de coach hem een slechte keeper?
Riks hoofd zit vol vragen.

Rik kijkt hoe Thomas een lastige bal van coach Sven
tegenhoudt.
Dan voelt hij dat er iemand naar hem kijkt.
Hij draait zich om en kijkt recht in het boze gezicht van
Koen.
'Ik hoop dat de coach Thomas opstelt,' zegt Koen
hatelijk.
'Thomas is tenminste te vertrouwen.
Hij verraadt zijn vrienden niet.'
Rik duikt bovenop Koen.
Koen verwacht de aanval niet en hij valt achterover.
Languit in het gras.
Rik stompt en slaat Koen zo hard hij kan.
Het lijkt wel alsof al zijn woede er in één keer uitkomt.

Vechtend rollen de jongens over het veld.
Of eigenlijk is het Rik die vecht.
Koen doet niets.
Hij probeert alleen maar zijn hoofd te beschermen
tegen de driftige klappen van Rik.

Coach Sven en de andere jongens komen aangerend.
De coach trekt Rik van Koen af.
Mahmoud gaat voor Koen staan.
Koen is helemaal verbaasd door de plotselinge aanval
van Rik.
Hij ligt nog steeds op de grond.
Met zijn armen beschermend om zijn hoofd.
Als hij opkijkt, ziet Rik dat er bloed uit Koens neus komt.
Maar dat is nog niet het ergste.
Koen kijkt hem vol ongeloof en onbegrip aan.
Wat flik je me nu? vragen zijn ogen.
Ik ben toch je vriend?
Hij vocht niet eens terug, bedenkt Rik zich dan.
Hij voelt zich ellendig.
En hij schaamt zich vreselijk.

Sebas helpt Koen overeind.
'Waar ben je mee bezig, kneus?' roept hij woedend naar
Rik.
'Je bent compleet gestoord,' zegt Mahmoud kwaad.
'Echt ziek,' vindt Farid.
Geschrokken kijkt Rik naar Koen.
Waarom heeft hij dit nu weer gedaan?
Zijn beste vriend aanvallen?
Koen had nog gelijk ook.
Hij heeft zijn vrienden verraden.

HOOFDSTUK 20

Alles is een puinhoop

'Ga douchen.
Daarna ga je naar de slaapzaal.
Wacht daar op mij,' zegt de coach tegen Rik.
Van de normale vriendelijke klank in zijn stem
is nu niets te horen.
Zonder verder nog naar Rik te kijken,
loopt de coach naar Koen toe.
'Hoe is het met je?
Heb je alleen een bloedneus?'
hoort Rik hem vragen als hij het veld afloopt.
De andere jongens kijken hem vijandig na.

Even later staat Rik onder de douche.
Hij begrijpt helemaal niets van zichzelf.
Hij heeft nog nooit eerder gevochten.
En nu viel hij zomaar iemand aan.
Zijn beste vriend nog wel.
Eén ding weet Rik zeker.
Hij moet wat aan zijn geheimen doen.
Hij moet zijn problemen oplossen.

Als Rik zich afgedroogd en aangekleed heeft,
loopt hij naar de slaapzaal.
Hij gaat op zijn luchtbed liggen en zucht eens diep.
'Shitzooi!' roept hij hard door de slaapzaal.

'Zo Rik, wij moeten eens even praten.'
Rik schrikt op.
Hij heeft niet eens gemerkt
dat de coach is binnengekomen.
'Kom even naast me zitten,' zegt de coach.
Met tegenzin gaat Rik naast zijn coach zitten.
Onzeker kijkt hij hem even aan.
De coach kijkt niet boos, eerder bezorgd.

'Nu wil ik weten wat er echt met je is.
Je gedraagt je de laatste tijd zo vreemd.
Je bent stil en gespannen.
En nu vecht je zelfs met Koen, je beste vriend.
Zo ken ik je niet.'
De coach kijkt Rik vragend aan.
Maar die weet niets te zeggen.
Hij staart nog steeds naar de grond.
De coach knijpt Rik even in zijn schouder.
'Ik dacht eerst dat je last had van je zenuwen.
Je bent zo snel afgeleid.
Ook ben je steeds ergens anders met je gedachten.
Ik dacht dat je afgeleid werd door Anna.
Maar er is meer. Ik zie het aan je.
Vertel het nu maar.
Erover praten helpt.'

Rik zucht.
Hij moet alles vertellen.
Dat kan niet anders.
Hij durft de coach niet aan te kijken
als hij begint te vertellen.

'Ik heb die bal van Niels expres doorgelaten,' biecht Rik
op.
'In de wedstrijd tegen Diemen.'
'Wat?' Met grote ogen kijkt de coach Rik aan.
Dit had hij niet verwacht.

Even kijkt Rik naar het verbaasde gezicht van coach
Sven.
'Het spijt me zo coach.
Ik kon niet anders.
Het... het moest van Niels.
Anders zou hij het vertellen,' stamelt Rik wanhopig.
'Wat vertellen?'
Rik zucht eens diep.
'Mijn geheim,' zegt hij zacht.
'Coach, ik ben zo stom geweest.
Ik heb overal een rotzooi van gemaakt.
Alles is een puinhoop.'

Rik moet alles vertellen.
Dat wil hij ook, maar hij weet niet zo goed hoe.
Waar moet hij beginnen met vertellen?
Hij raakt ervan in de war.
Plotseling staat Rik op en begint te rennen.
De slaapzaal uit.
In de richting van de heide.
Weg wil hij, weg van het sportpark.
Weg van Koen die ooit zijn beste vriend was.
Weg van die vreselijke Niels.
Weg van de coach die hem zo vragend aankijkt.

HOOFDSTUK 21

Praten helpt!

Rik rent zo snel als hij kan.
Maar de coach geeft het niet zomaar op.
'Rik, jongen, wacht nou.
Wegrennen helpt heus niet,' hijgt de coach.
Rik weet dat de coach gelijk heeft.
Hij stopt met rennen.
Opgelucht staat coach Sven nu ook stil.
Ze staan tegenover elkaar.
De coach wijst naar een bankje.
'Laten we daar even gaan zitten en verder praten.'
Met tegenzin loopt Rik met de coach mee naar het
bankje.
'En nu ga je mij alles vertellen.
Alles, vanaf het begin.'
Rik knikt.

'Ik heb een paar maanden geleden
een game gestolen bij Houters.
De winkel van meneer Ibrahim.'
'Wat? Waarom?' vraagt coach Sven.
Rik denkt even na. Waarom?
Dat is de allermoeilijkste vraag.
Hij weet zelf het antwoord op die vraag niet eens.
Rik krijgt genoeg zakgeld.
Voor zijn verjaardag krijgt hij altijd leuke cadeaus.

Maar die game had hij nog niet.
Hij wilde hem graag hebben.

'Weet je coach.
Het klinkt misschien stom.
En dat is het eigenlijk ook wel.
Ik denk dat ik die game alleen maar gestolen heb,
omdat ik de kans had.
Omdat het kon.
Ik bedoel, het spel lag in een doos.
Meneer Ibrahim was die doos aan het uitpakken.
Maar hij liep even weg.
En toen lag de game voor het grijpen.
Ik kon hem zo pakken,
zonder dat ik er iets voor hoefde te doen.'
Rik kijkt de coach bijna smekend aan.
Zo graag wil hij dat de coach hem begrijpt.

'Ik kan zelf nog steeds niet geloven
dat ik het gedaan heb.
Ik wist al meteen dat het fout was.
Het computerspel ligt onder mijn bed.
Ik heb de game nooit gespeeld.
Zo erg schaam ik me.
Het is echt het allerstomste dat ik ooit heb gedaan.
Zoiets stoms doe ik nooit meer.'
Ineens komen Riks woorden snel en vanzelf.
Het lijkt wel alsof hij niet meer kan stoppen met praten.

'Dus je loopt al maanden met dit probleem rond?'
vraagt coach Sven.
'Daarom ben je dus zo in de war de laatste tijd.'

Dan zwijgt de coach even.
'Maar wat heeft dit te maken
met de wedstrijd tegen Niels?'
Dan lichten de ogen van de coach op.
'Of... chanteert Niels je soms?'
'Wat?' vraagt Rik.
'Chanteren, dat is als iemand ergens mee dreigt.
Hij dwingt je om iets doen.
Iets wat je helemaal niet wilt doen,' legt coach Sven uit.
Rik knikt.
'Ik heb Niels toen, bij de winkel, niet gezien.
Maar hij heeft mij wel gezien.
Dat moet wel, want hij wist het.'
Rik zucht diep.

'Niels bedreigde me in mails en sms'jes.
Ik moest zorgen
dat het elftal van Niels de wedstrijd zou winnen.
Anders zou hij mijn geheim vertellen.'
Rik staat op en schopt driftig tegen het bankje.
Ook coach Sven is opgestaan.
Met twee handen pakt hij Riks hoofd vast
Hij dwingt Rik om hem aan te kijken.
'Het... het spijt me zo,' stamelt Rik.
Tranen lopen over zijn wangen.
'Het spijt me zo.
Ik heb zoveel verkeerde dingen gedaan.
Alles is zo'n ongelooflijke puinhoop.'

'Volgens mij is er maar één oplossing,' zegt coach Sven.
'Je moet het opbiechten.
Alles eerlijk vertellen.

Eerst aan je teamgenoten.
En dan aan je ouders en de eigenaar van Houters.
Je bent iedereen uitleg schuldig.
Je bent de laatste tijd zo driftig en onaardig.
Niemand begrijpt je.'
Rik schrikt.
'Maar dat kan ik niet. Ik schaam me zo.'
Rik denkt aan zijn ouders.
Hoe kan hij het hen ooit vertellen?
En wat zullen ze op school zeggen?
Zijn leraren en de leerlingen? Anna?
Ook durft hij niet naar meneer Ibrahim van Houters toe
te gaan.

'Ik durf het niet.'
Coach Sven klinkt streng nu.
'Als je een fout maakt, Rik,
moet je dat weer goed proberen te maken.
Ook al is dat moeilijk.'
Rik knikt.
Hij moet iedereen zijn geheim vertellen.
Hij ziet er heel erg tegenop.
Maar toch voelt hij zich ook wel een beetje opgelucht.
De coach heeft gelijk, denkt Rik.
Erover praten helpt echt.

HOOFDSTUK 22

Opbiechten

'De jongens zijn vast nog in de kleedkamer.
Ga je mee?' vraagt de coach.
Rik knikt en loopt achter coach Sven aan.
Nu moet hij zijn geheim opbiechten
aan de jongens van zijn elftal.
En dan willen ze zijn vrienden niet meer zijn.
Dat weet Rik zeker.
Iedereen is stil als Rik de kleedkamer binnenkomt.
Ze kijken hem boos en vijandig aan.
Rik heeft Koen geslagen.
Zomaar, om niets.
Rik voelt hun wantrouwen.

Riks ogen zoeken Koen.
Koen kijkt hem afwachtend aan.
Hij heeft een dikke lip en een rode neus.
Rik schaamt zich als hij dat ziet.
Dat is zijn schuld.
'Rik wil jullie wat vertellen,' zegt coach Sven.
'Ik wil dat jullie hem rustig laten praten.
Zodat hij zijn hele verhaal kan vertellen.'
De jongens knikken.
Allemaal kijken ze nu naar Rik.

Rik begint te praten.
Hij is zelf verbaasd hoe rustig zijn stem klinkt.
'Koen, het spijt me heel erg.
Ik had je nooit mogen aanvallen.
Het sloeg nergens op.
Ik heb heel wat uit te leggen.'
Rik weet ineens precies wat hij moet zeggen.

Hij vertelt alles.
Over de diefstal.
En de bedreigingen.
Dat hij daar bang van werd.
En zich daarom zo raar gedroeg.
Ook vertelt hij over Niels.
'En toen kwam de wedstrijd.
Ineens stond Niels voor mijn doel.
Hij keek me aan en ik verstijfde gewoon.
Ik wist echt niet wat ik moest doen.'
Rik zucht even diep.
'En toen liet ik de bal door.
Het spijt me zo.
Ik ben zo stom geweest.'
Rik gaat zitten.
Hij slaat zijn handen voor zijn ogen.
De tranen stromen over zijn wangen.
Tranen van schaamte.

Dan kijkt Rik Koen aan.
'Gisteravond wilde ik je alles vertellen.
Maar het kwam er allemaal verkeerd uit.
Ik ben gewoon een sukkel.'
Koen kijkt hem boos aan.

'Waarom heb je me dit niet eerder verteld?
We zijn toch vrienden?' zegt hij.
'Vertrouw je me soms niet?'
'Ik durfde niet.
Ik schaamde me te erg.
En ik was bang dat je mijn vriend niet meer wilde zijn
als je alles wist,' zegt Rik.
'Ik begrijp best dat jullie boos op me zijn.
En dat jullie mijn vrienden niet meer willen zijn,' zegt hij
somber.
'Ik stap uit het elftal.'
Rik staat op en loopt de kleedkamer uit.

HOOFDSTUK 23

Weer Niels

Rik loopt naar de slaapzaal.
Hij propt zijn spullen in zijn sporttas.
Straks zal hij zijn ouders opbellen.
Hij zal vragen of zij hem op komen halen.
Ook aan zijn ouders moet hij dan alles eerlijk vertellen.
Rik voelt een steek in zijn buik als hij aan zijn ouders
denkt.
Wat zullen ze teleurgesteld zijn als ze horen dat hun
zoon een dief is.
Met een grote zwaai gaat de deur van de slaapzaal
open.
'Ah, jou zocht ik!' zegt Niels vrolijk.
'En wat een toeval, je bent nog alleen ook!'

Rik verstart.
Zijn hart gaat sneller kloppen.
Hij balt zijn handen tot vuisten.
'In de halve finale moeten wij weer tegen elkaar spelen.
Daarom wil ik je nog even
aan onze afspraak herinneren,' zegt Niels.
'Misschien moet ik het je allemaal wat duidelijker
uitleggen.
Je bent natuurlijk niet een van de slimsten.
De vorige keer ben je de afspraak maar half nagekomen.

Dat was niet goed genoeg.
Deze keer moet je geen fouten maken,' dreigt Niels.

Er loopt een rilling over Riks rug.
Hij wil iets terugzeggen, maar hij weet niet wat.
Niels lacht gemeen.
'Misschien moet je iets hebben
dat je aan onze afspraak herinnert.
Een blauw oog of zo.
Of weet je, ik heb het telefoonnummer
van dat meisje dat je zo leuk vindt.
Hoe heet ze ook alweer? O ja, Anna.
Misschien moet ik haar maar eens bellen.
Dan kan ik haar vertellen dat jij een dief bent.'

Rik twijfelt hoe hij op Niels moet reageren.
Ineens komen Koen en Mahmoud de slaapzaal binnen.
'Donder op Niels!
Je kunt Rik niet langer onder druk zetten.
Het spel is uit. Wij weten alles,' zegt Koen.
Rik is verbaasd.
Zijn vrienden helpen hem!
Ondanks alles wat hij gedaan heeft.
'Bedankt,' weet hij met moeite uit te brengen.
Mahmoud duwt Niels het trapje van de slaapzaal af.
'Wegwezen jij.
Jij hebt hier niets te zoeken.'

Niels durft niets te zeggen.
Nu hij tegenover drie jongens staat,
is hij ineens niet meer zo stoer.
Ook de andere jongens van het elftal zijn er nu.

De drie spitsen grijpen Niels bij zijn shirt en trekken
hem weg.
Niels verzet zich niet eens.
'We willen jouw rotkop hier niet meer zien,' hoort Rik
Farid zeggen.
'Voortaan laat je Rik met rust.
Hij heeft ons alles verteld,' zegt Sebas.
En ze lopen met Niels de slaapzaal uit.

Rik weet zich geen houding te geven.
Hij kijkt naar Koen.
Naar zijn kapotte gezicht met zijn dikke lip en rode
neus.
'Ik dacht dat je nooit meer met me zou willen praten.
En nu neem je het voor me op tegen Niels,' zegt hij
zacht.
'Waarom zou ik niet meer met je willen praten?'
vraagt Koen verbaasd.
'Nou, omdat ik een dief ben.
Omdat ik Niels heb laten scoren.
En ook omdat ik met je gevochten hebt.'

HOOFDSTUK 24

Het verhaal van Mahmoud

Het team is net klaar met avondeten.
Mahmoud stoot Rik aan.
'Kom mee, ik wil je wat vertellen.'
Rik volgt Mahmoud naar buiten.
Daar gaan ze met hun rug tegen een boom zitten.
Een tijdje zitten ze alleen maar.
Ze zeggen helemaal niets.
Dan begint Mahmoud te vertellen.
'Ik deugde vroeger niet, weet je.'
Mahmoud vertelt dat hij vroeger
vaak foute dingen deed.
Zijn ouders waren net gescheiden.
En hij hing toen veel op straat rond.
En toen deed hij allemaal foute dingen.
Mahmoud vertelt zijn verhaal aan Rik.

'Ik kreeg verkeerde vrienden.
Eerst schopten we vuilnisbakken in elkaar.
Toen jatten we een keer een scooter.
Het werd allemaal steeds erger.
Weet je waar ik heel goed in was?'
Mahmouds stem klinkt spottend.
Rik zegt niets.
'In het stelen van autoradio's.
Ja, dat was echt mijn specialiteit,'

zegt Mahmoud met een vreemd lachje.
Rik schrikt.
'En na de autoradio's kwamen de winkeldiefstallen.
En een tijdje later de woninginbraken.'

Rik weet niet goed hoe hij moet reageren.
Hij zegt daarom maar niets en luistert alleen.
'Een keer werd ik betrapt tijdens een inbraak.
Mijn moeder kon me ophalen op het politiebureau.'
Even is Mahmoud stil.
'Mijn moeder was echt heel boos.
Maar ook heel erg teleurgesteld.
Dat was nog het ergste.
Je had haar gezicht moeten zien.
Ze was helemaal alleen, weet je.
Ze werkte de hele dag om voor ons te zorgen.
Om te zorgen dat er genoeg geld was om te eten.
En ik deed niets dan rottigheid uithalen.
Ik schaam me nog steeds als ik daaraan terugdenk.'
'En toen?'
Rik kent alleen maar een vriendelijke, aardige
Mahmoud.
Hij kan zich niets voorstellen bij een stelende
Mahmoud.

'De politie kon niet zoveel doen.
Ik was te jong om straf te krijgen.
Maar ze stuurden me wel naar bureau HALT.
Weet je wat bureau HALT is?' vraagt Mahmoud.
'Nee,' antwoordt Rik.
'Als je jonger dan 18 bent,
stuurt de rechter je niet altijd naar de gevangenis.

Halt.

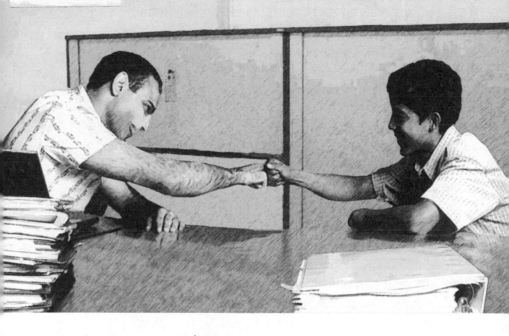

Soms ga je naar bureau HALT.
HALT betekent "Het ALTernatief".
Alternatief betekent: iets anders, een andere keuze.
In dit geval een andere straf.
Je krijgt de kans om je fouten goed te maken.'
Rik knikt.

Mahmoud zucht even voor hij verder gaat.
'Ik moest plantsoenen schoonmaken.
Chipszakjes en lege blikjes opruimen.
Ook kreeg ik allemaal leeropdrachten.
Over keuzes maken.
Over *nee* zeggen tegen mijn verkeerde vrienden.
Ik leerde van alles over fouten maken.

En vooral over het goed maken van fouten.
Ik schreef brieven aan alle mensen van wie ik had
gestolen.
En ik bood mijn excuses aan
aan alle mensen die ik had bedreigd.
Dat was echt shit-moeilijk.'

Mahmoud zucht nog eens diep.
'Ik heb daar veel geleerd.
Maar het allerbeste was dat ik bij bureau HALT
coach Sven heb ontmoet.
Hij werkt daar.
Hij heeft me geholpen.
Echt geholpen.
Toen de coach geloofde dat ik veranderd was,
mocht ik in zijn elftal voetballen.
Nu ben ik zelfs aanvoerder.
Ik heb er alles voor over om een goede aanvoerder te
zijn.
Je kunt dus veranderen, Rik.
Kijk maar naar mij.'

Mahmoud staat op.
'Het heeft heel lang geduurd.
Maar nu vertrouwen mijn moeder en coach Sven me
weer.
Ik heb alles weer onder controle gekregen.
Op school, thuis en op straat.
Dat kan jij ook weer krijgen.'
Rik loopt achter Mahmoud aan naar binnen.
'Ik ga mijn spullen inpakken,' zegt hij.
'Hoezo?' vraagt Mahmoud.

'Ik ga naar huis.'
Mahmoud kijkt Rik boos aan.
'Sukkel!
Heb je nou helemaal niet geluisterd naar wat ik zei?'
schreeuwt hij.

'Je moet het goedmaken, niet weglopen.
Als je nu naar huis gaat, dan laat je ons pas in de steek.
Wij hebben je nodig als keeper.'
'Maar willen jullie me dan nog in het team?
Zijn jullie niet allemaal vreselijk boos op me?' vraagt
Rik.
Hij begrijpt er niets van.
Mahmoud haalt zijn schouders op.
'Ach, we hebben je wel eens aardiger gevonden,' zegt
hij.
'Moet je niet met de anderen overleggen?
Hen vragen of ik in het elftal mag blijven?' vraagt Rik.
'Hallo, wie is hier nou de aanvoerder?' zegt Mahmoud
lachend.
'We hebben er al over gepraat in de kleedkamer.
We vinden allemaal dat je moet blijven.'
'Ook Koen?' vraagt Rik voorzichtig.
Mahmoud knikt.
'Vooral Koen.'
Samen lopen ze de slaapzaal binnen.

HOOFDSTUK 25

Echte vrienden

Alle jongens zijn in de slaapzaal.
Rik gaat naast Koen zitten.
Koen kijkt somber voor zich uit.
'Weet je waar ik eigenlijk het meest kwaad om ben?'
vraagt hij.
'Niet eens om die bal die je hebt doorgelaten.
En ook niet om die knal die je me op mijn gezicht hebt
gegeven.'
Koen voelt voorzichtig aan zijn pijnlijke lip.
Afwachtend kijkt Rik naar Koen.
Wat is er erger dan dat? vraagt hij zich af.

'Je vertrouwde me niet,' zegt Koen beschuldigend.
'Ik heb je heel vaak gevraagd wat er was.
Waarom je zo raar deed.
Maar toch heb je me niets verteld.
Ik begrijp er niks van.
Ik had je toch kunnen helpen?'
'Ik schaamde me te erg om het te vertellen,' antwoordt
Rik.
'Je hebt er een flinke puinhoop van gemaakt,' vindt
Koen.
'Maar weet je?' grijnst Rik.
'Ik sta toch maar mooi in de halve finale!'
Koen knikt. 'Mazzelaar!'

Rik is het helemaal met Koen eens.
Hij is inderdaad een grote mazzelaar.
Hij vindt zelf dat hij het helemaal niet verdient.
Om in het team te blijven en te keepen in de halve
finale.

'Ik moet nog met de coach praten,' zegt Rik tegen Koen.
Rik loopt naar de kantine.
Coach Sven zit aan tafel met de trainer van Diemen.
Ze kijken allebei erg serieus.
'Ik vertrouw erop dat je er iets aan doet,'
zegt coach Sven tegen de andere trainer.
De coach geeft de trainer van Diemen een hand
en staat op.
'Dag Rik,' zegt de coach als hij Rik ziet.
Samen lopen ze naar buiten.
'Coach, Mahmoud heeft me verteld
dat je hem erg geholpen hebt,' zegt Rik.
'Ja, en ik had jou ook geholpen
als je me alles eerder had verteld.'

'Er waren zoveel mensen die me wilden helpen.
Maar ik durfde het niet te zeggen,' zegt Rik.
De coach lacht.
'Raar hè?
Je denkt het laatste aan de mensen die er altijd voor je
zijn.
Misschien komt dat wel omdat juist die mensen
het meest teleurgesteld zullen zijn.'
'Ik mag van de jongens in het elftal blijven.'
'Ja, dat weet ik.

Koen heeft de anderen overgehaald om je te laten blijven.'
'Koen? Echt?' vraagt Rik verbaasd.

HOOFDSTUK 26

De halve finale

Het is zover!
De Amsterdamse Boys lopen het veld op.
Ze zijn klaar om de halve finale te spelen.
Rik vindt het erg spannend.
Zijn team moet vandaag winnen.
Als ze verliezen, moeten ze naar huis.
Maar als ze winnen, staan ze in de finale.
Rik voelt veel druk.
Hij moet goed keepen.
Dat is hij aan de anderen verplicht.

Maar Rik wíl ook gewoon winnen vandaag.
Hij wil weten hoe het voelt
om straks in de echte finale te staan.
Rik loopt naar zijn doel.
Hij ademt diep in en uit.
Niels komt arrogant het veld op.
Hij kan me niets meer doen, denkt Rik.
Maar toch voelt hij zich niet prettig
als Niels zo dicht bij hem in de buurt is.

'Wat doet hij op het veld?'
vraagt Mahmoud woedend als hij Niels ziet.
'Coach, kijk! Niels staat opgesteld,' wijst hij fel.
Coach Sven staart vol ongeloof naar Niels.

Die zwaait uitdagend naar hem.
'Waarom zijn jullie zo verbaasd
dat Niels speelt?' vraagt Rik.
'Ik heb aan zijn trainer verteld
dat Niels jou gechanteerd heeft,' antwoordt de coach.
'Dat de laatste wedstrijd daarom oneerlijk spel was.
Ik had verwacht dat hij Niels zou straffen.
Zou schorsen op zijn minst,' antwoordt de coach.
'Maar zo te zien heeft zijn trainer dat niet gedaan.
En mag Niels gewoon spelen.'
'Hij krijgt vast niet eens straf,' zucht Mahmoud.

Mahmoud roept het elftal bij elkaar.
'Jongens, Niels speelt vandaag toch.
Laat je niet gek maken door hem.
Hij zal alles doen om ons uit te dagen.
Die gozer is zo vreselijk irritant.
Vergeet niet dat wij eerlijk spelen.
Ook als Diemen hard speelt
en als ze overtredingen maken.
Wij doen dat niet!'
Mahmoud is fel.
'Wij spelen eerlijk. Fair play!'
Fair play... Eerlijk spel...

'Goed gezegd, Mahmoud,' vindt de coach.
'Ik ben het helemaal met je eens.
Ik had het zelf niet beter kunnen zeggen.
Blijf eerlijk spelen, jongens.
Wat er ook gebeurt.'
Mahmoud kijkt trots.

Ineens begrijpt Rik waarom het voor Mahmoud
zo belangrijk is dat de coach trots op hem is.

De grensrechters lopen naar de zijlijn.
De spelers nemen hun posities op het veld in.
De scheidsrechter fluit.
De wedstrijd begint.
Niels komt dreigend op Rik af.
'Je kent onze afspraak, hè?' snauwt hij.
Mahmoud komt aangerend.
'Er is geen afspraak, Niels.
Hou op. Laat Rik met rust.'
Minachtend kijkt Niels naar Rik.
'Moet je aanvoerder je komen helpen?
Kan je het allemaal niet alleen af?
Je lijkt wel een kleuter.'
Rik reageert niet.
Hij doet net of Niels er niet is.
Hij kijkt alleen maar naar het voetbalspel op het veld.
Gelukkig speelt het spel zich ver van zijn doel af.
Dat is maar goed ook.
Rik is zenuwachtig.
Zo heeft hij de tijd om rustig te worden.

Dan komt de bal Riks kant op.
Niels kijkt hem vuil aan.
Sebas probeert de bal van Niels af te pakken.
Maar hij wordt hard getackeld.
Schreeuwend van de pijn valt hij op de grond.
Het spel gaat gewoon door.
Niels geeft een voorzet.
Maar de bal wordt weggeschopt door Mo.

Helaas komt de bal terecht bij een middenvelder van
Diemen.
Hij speelt de bal handig naar Niels.
En na een één-tweetje met een van de andere spitsen,
is de bal weer terug bij Niels.
Niels haalt uit.
'Kijk naar de bal. Goed kijken,' zegt Rik tegen zichzelf.
'Geen fouten maken nu.'

De bal suist op Rik af. Loeihard.
Met het puntje van zijn handschoen
weet Rik de bal weg te duwen.
Gelukkig! Daar staat Koen.
Snel en onhandig trapt hij de bal weg.

Hij richt niet eens.
Weg, die bal moet gewoon weg bij het doel.
De bal komt ver
op de helft van de tegenstander terecht.
Farid vangt de bal handig op, haalt uit en... scoort!!!
Het staat 1-0.
Koen kijkt verbaasd.
'Ik ben echt briljant!' zegt hij verbijsterd.
'Wat een voorzet!'
Rik springt bovenop hem.
'Ach, welnee.
Je bent gewoon een geluksvogel!
De grootste mazzelaar van de wereld,' kan Rik nog net
zeggen.
Want dan springt de rest van het team bovenop hen.
Ze staan met 1-0 voor!

Rik kijkt op het scorebord.
Zijn team staat nog steeds met 1-0 voor.
Ze moeten nog 20 minuten spelen in de eerste helft.
Alle spelers zijn op zijn helft.
Allemaal staan ze dicht voor zijn doel.
Koen windt zich op.
Boos roept hij naar de middenvelders.
'Naar voren! Weg met die bal.
Weg hier, hou die bal verdorie bij ons doel weg.'
Vertrouwt hij me niet? vraagt Rik zich even af.
Is Koen bang dat ik de bal weer expres doorlaat?

Maar Rik heeft geen tijd om verder na te denken.
Daar is Niels alweer.
Sebas knipoogt even naar Rik.

Geen gevaar betekent dat.
Sebas tackelt Niels.
Het is een eerlijke tackle.
De scheidsrechter fluit niet en het spel gaat door.
Razendsnel.
De druk voor Riks doel wordt groter en groter.
Rik moet goed opletten die laatste 20 minuten.
Hij is alleen maar met de bal bezig.
Hij heeft geen tijd om nog ergens anders over na te denken.
De scheidsrechter fluit het einde van de eerste helft.

HOOFDSTUK 27

De tweede helft

Rik zit in de kleedkamer.
Hij is moe.
Ook de andere jongens zeggen weinig.
Ze hijgen allemaal uit van een zware eerste helft.
'Het gaat goed,' zegt de coach tevreden.
'We staan met 1-0 voor.
Zorg dat we die voorsprong vasthouden.'

De rust is voorbij.
De jongens moeten het veld weer op.
Het is tijd voor de tweede helft.
Diemen is aan de bal.
De bal wordt snel overgespeeld.
Maar Amsterdam heeft een sterke verdediging.
Diemen komt er niet doorheen.
Mahmoud lijkt wel een verkeersregelaar.
'Raoul op links blijven,' beveelt hij.
'Mees, jij zorgt dat ze niet door het middenveld komen.
Erik, jij blijft net achter hem.
Hou die Diemense kakkers tegen!
En als er toch een doorkomt, is Mo er nog.
Wat er ook gebeurt, je laat hem er niet door, begrepen?
Koen, jij blijft op links.
En als je de bal hebt, speel je 'm naar Raoul.
Tobias, jij blijft achter mij,' roept Mahmoud.

Rik moet even lachen om Mahmoud, de regelaar.
Hij is er maar druk mee!

Diemen is weer in de aanval.
De middenvelders rukken snel op.
En de spitsen kiezen positie.
Alle spitsen worden gedekt
door verdedigers van de Amsterdamse Boys.
Maar dan maakt Raoul een fout.
Nu staat Koen oog in oog met een spits van Diemen.
Dreigend kijken ze elkaar aan.
Maar dan wordt ook Koen voorbij gespeeld.
Niels geeft een voorzet en een van de spitsen kopt de
bal in.
Rik duikt naar de linkerhoek.
Maar de bal gaat hard in de rechterhoek van het doel.
1-1.
'Shit,' roept Rik. 'Shit-shit-shit.'
Koen kijkt verslagen naar het scorebord.
'Dit kan niet waar zijn,' mompelt hij.
'We hebben nog maar een paar minuten.'
'Jongens, hou je hoofd erbij,' roept Mahmoud.
'We moeten er alles aan doen om te scoren.'
Mahmoud is de enige die nog rustig is.
Hij doet zelfs alsof er niets aan de hand is.

De wedstrijd is bijna voorbij.
Nog een paar minuten.
En dan zal de scheidsrechter fluiten voor een korte rust.
Daarna zal de verlenging beginnen.
Raoul heeft de bal.
De spelers van Diemen letten op de spitsen.

En daardoor vergeten ze Raoul.
Raoul twijfelt geen moment.
In de allerlaatste minuut van de wedstrijd, haalt hij uit.
Raak!
Rik juicht.
'De finale!' roept hij naar Koen.
'We staan in de finale!'
Koen lacht. 'Yes, Ajax here we come!
Ik hoop dat de scouts een beetje opgelet hebben
vandaag.'

De jongens van SV Diemen balen flink.
Zonder wat te zeggen
lopen ze het veld af naar hun kleedkamer.
Allemaal, op één na.
Niels heeft een hatelijke glimlach om zijn mond.
Hij rent agressief op Rik af.
Hij geeft hem een harde duw.
Rik wankelt op zijn benen.
'Ik ga Anna zo bellen.
En ik ga ook naar Houters,' zegt Niels.
'Ik vertel ze alles.'
Hij is woedend.
Sebas duwt Niels hard weg.
'Dat zou ik maar niet doen als ik jou was.
Dat kan Rik heel goed zelf.'
Niels blijft Rik strak aankijken.
'Als jij terug bent in Amsterdam,
weet iedereen wat jij gedaan hebt.
Iedereen.
Daar zal ik wel voor zorgen,' dreigt Niels.

Mahmoud komt erbij staan.
Hij kijkt Niels koel aan.
'Dat doe je helemaal niet.
Rik zal het zelf wel vertellen.
Daar heeft hij jou niet bij nodig.
En pas op!
Ik weet ook nog wel wat dingen over jou, jongen.'
Niels kijkt Mahmoud onzeker aan.
Hij is een beetje bang voor Mahmoud.
Dat is duidelijk
'Ik doe wat ik zeg,' zegt Mahmoud grimmig.
'Als jij dingen over Rik vertelt,
dan zorg ik dat jouw rotgeintjes bekend worden.
En die zijn heel wat erger dan wat Rik gedaan heeft.'
Niels luistert al niet meer naar Mahmoud.
Hij loopt naar de kleedkamer.

HOOFDSTUK 28

Nu of nooit

'Morgen spelen we onze laatste wedstrijd!'
zegt de coach tijdens het avondeten.
'Zelfs ík ben nu wel een beetje zenuwachtig.
Goh jongens, we staan in de finale!'
Alle jongens juichen.
'Echt spannend,' zegt Koen.
'Het is nu of nooit,' vindt Raoul.
'We kunnen de finale winnen!
Dan zijn we gewoon de beste.
De allerbeste,' zegt Mehmet.

'Jongens, ik heb een verrassing voor jullie,' zegt de
coach.
'Morgen zitten jullie ouders op de tribune!'
De jongens juichen.
'Yes!'
'Ech vet.'
Iedereen roept door elkaar heen.
Coach Sven lacht.
'Ga er maar vanuit dat je hele familie komt kijken.
Ook zullen er vast klasgenoten komen.
Iedereen is uitgenodigd.
Dus doe je best!'
Nu zijn de jongens nog onrustiger.
Hun familie zit op de tribune tijdens de finale!

Echt gaaf!
Rik moet even slikken.
Hij zal veel aan zijn ouders moeten uitleggen.
Heel veel.

De nacht voor de finale slaapt iedereen slecht.
De jongens zijn erg gespannen voor de wedstrijd.
Bij het ontbijt is iedereen stil.
Zelfs Sebas en Farid maken geen grapjes.
Ze plagen Mehmet niet eens.
Rik krijgt geen hap door zijn keel.
Dan is het zover.
In de kleedkamer wachten ze gespannen
tot ze het veld op mogen.
'Tegen wie spelen we eigenlijk?' vraagt Koen ineens aan
Rik.
Rik lacht.
'Tegen Berkel-Rodenrijs, snuggere!
Zij hebben Drenthe compleet ingemaakt
in hun halve finale, weet je nog?'
Koen knikt.
Zijn gezicht is bleek van de zenuwen.

'Nou, team. Zet hem op!'
Dat is het enige wat de coach zegt als ze het veld
oplopen.
Ook hij is zenuwachtig voor deze wedstrijd.
De aanvoerders lopen naar de scheidsrechter.
Zij zullen loten om te bepalen wie er mag beginnen.
Rik ademt een paar keer diep in en uit.
Zwaarder dan de vorige keer kan het niet worden.
Hij probeert zichzelf moed in te spreken.

Hij zoekt met zijn ogen de tribune af.
Waar zitten zijn ouders?
Rik zwaait enthousiast als hij ze ziet zitten.
Maar dan schrikt hij.
Daar zit Anna!
Naast zijn ouders, samen met nog wat klasgenoten.
Riks moeder stoot Anna aan.
En dan zwaaien ze allebei vrolijk terug.

Mijn ouders, denkt Rik.
Zij weten nog van niets.
Zullen ze erg boos zijn?
En Anna wil vast nooit meer met hem praten.
Concentreren, zegt hij tegen zichzelf.
Het gaat nu om de wedstrijd. Om de finale.
Denk aan je ademhaling.
Het lijkt wel of het stormt in Riks hoofd.
Het is allemaal zoveel.

De coach ziet dat Rik met een bleek gezicht
naar de tribune staart.
Snel rent hij naar hem toe.
'Straks ga je je ouders alles vertellen.
Maar nu sta je hier.
Op het veld, in de finale.
Nu moet je opletten
en je aandacht bij de wedstrijd houden.
Eén ding tegelijk.'

Koen komt ook aangerend.
'Rik! Moet je horen!' roept hij buiten adem.
'Je raadt nooit wat ik gehoord heb.

Een van de scouts is geïnteresseerd in jou.
In jou, man!
Hij zit speciaal voor jou op de tribune vandaag.'
Rik hapt naar adem.
'Je maakt een grapje!' zegt hij.
'Nee echt!
Die daar op de vierde rij met die rode jas aan.
Hij is het.'
'Ik dacht dat jij zei
dat scouts altijd lange regenjassen droegen?' vraagt Rik.
'Ik denk dat deze vermomd is,' antwoordt Koen slim.
'Om niet op te vallen.
Anders heeft hij de hele tijd
gezeur aan zijn hoofd van spelers en ouders.'
Rik lacht om zijn vriend.
Het lachen doet hem goed.
Hij voelt zich ineens veel minder zenuwachtig.

HOOFDSTUK 29

De finale

Mahmoud kijkt zijn team ernstig aan.
'Nu moet het gebeuren,' zegt hij.
'We moeten deze wedstrijd winnen.
We hebben maar één kans.'
Niemand zegt iets.
'Kom op!
We gaan ze gewoon wat laten zien vandaag!' roept
Mahmoud.
'Yes!' roepen de jongens hard.
Ze ballen hun vuisten.
Daarna nemen ze snel hun plaatsen op het veld in.
De scheidsrechter fluit.
En meteen is de wedstrijd spannend.

Beide teams zijn erg sterk.
Ze spelen goed en laten mooie acties zien.
Het ene moment is het spannend
voor het doel van de Amsterdammers.
Het andere moment is alle aandacht gericht
op het doel van Berkel-Rodenrijs.
Het publiek op de tribune leeft mee
met ieder spannend moment.
Er wordt gejuicht en gejoeld.
Af en toe klinkt er teleurgesteld 'Oooooh'.
Als de bal net over het doel heengaat.

Of als hij afketst tegen de paal.
Dan staat Mehmet vrij.
Met een mooie bal passeert hij de keeper. Goal!
Rik ziet dat Mehmet snel over het veld rent.
Hij heeft zijn armen wijd als de vleugels van een
vliegtuig.
'Gescoord! Ik heb gescoord,' roept hij uitgelaten.
Hij kijkt trots naar Farid en Sebas.
Die juichen net zo hard als hij.

Mahmoud kijkt tevreden het veld rond.
'Meteen weer aanvallen,' zegt hij tegen Raoul.
'Snel de 2-0 scoren.'
Maar helaas voor Mahmoud, gaat het anders.
Niet Amsterdam, maar de tegenstander gaat in de
aanval.
Rik ziet ze snel zijn kant op komen.
De middenvelders en spitsen van Berkel-Rodenrijs.
De spelers houden de bal kort bij hun voet.
En met snelle één-tweetjes rukken ze op.
Een van de middenvelders haalt uit.
Rik duikt naar de goede hoek van zijn doel.
Maar hij is net te laat.
Hij mist de bal. Ze scoren.
Na een kwartier spelen staat het 1-1.
Het is een spannende wedstrijd.

De bal gaat snel heen en weer over het veld.
Beide teams blijven aanvallen.
Ze laten mooi spel zien, snel en eerlijk.
Iedereen is blij dat het rust is.
Nu kunnen ze even bijkomen van het snelle spel.

'Er kan nog van alles gebeuren,'
zegt de coach als ze in de kleedkamer zitten.
'Zorg dat jullie niet in paniek raken.
Blijf goed opletten!'
De rust is zo voorbij.

Berkel-Rodenrijs is meteen in balbezit.
Handig pakt Raoul de bal af.
Hij geeft hem een harde trap naar voren.
Mehmet kopt en scoort weer!
Rik juicht!
Het gaat helemaal goed komen.
Ze gaan winnen!
'Misschien scoort Mehmet wel een hattrick,'
roept Rik opgewonden naar Koen.
'Een hattrick, drie goals?
Dat zou vet zijn!' roept Koen terug.
Maar nog geen 10 minuten later is alle blijdschap weg.
Berkel-Rodenrijs heeft de gelijkmaker gescoord.
Het staat 2-2.
Er kan weer van alles gebeuren.
Ze kunnen winnen of verliezen.

'De tijd loopt,' roept Mahmoud.
'We moeten opschieten en snel scoren.
Anders wordt het verlenging.'
Het team van Rik is in de aanval.
Ze zijn steeds op de helft van de tegenstander te vinden.
De keeper van Berkel-Rodenrijs is goed.
Hij is snel en weet de bal uit zijn doel te houden.
De keeper trapt de bal weg, ver het veld in.

Een van spitsen van Berkel-Rodenrijs sprint naar voren.
Hij heeft de bal aan zijn voet.
Hij gaat sneller en sneller.
Bijna alle spelers van Amsterdam gaan achter hem aan.
Op topsnelheid komt hij op Rik af.
Hij haalt uit en Rik redt!
Maar Rik krijgt de bal niet te pakken.
Hij kaatst het veld weer in.
De spits vangt de bal op en probeert het nog een keer.
Rik is net te laat in de linkerhoek.
Het scheelde bijna niets....
2-3, het staat nu 2-3.
Teleurgesteld laat Rik zich op de grond vallen.

HOOFDSTUK 30

De scout

Een paar minuten later is de wedstrijd afgelopen.
Het elftal van Rik staat teleurgesteld op het veld.
Ze hebben de finale verloren.
Een beetje jaloers kijken ze
naar de jongens van Berkel-Rodenrijs.
Zij vieren juichend hun overwinning.
'Goed gespeeld allemaal!' vindt coach Sven.
'Het was een mooie, spannende wedstrijd.
En jullie hebben heel goed spel laten zien.'
'Wat hebben we daar nou aan?' moppert Koen.
'Verloren is verloren.'
Ze waren dicht bij de overwinning.
Heel dicht.

Rik is verbaasd dat de coach zo tevreden is met hun spel.
Ze hebben de finale verloren.
Is hij dan niet teleurgesteld?
'Ze hebben eerlijk gewonnen,' zegt Mahmoud somber.
'Ze waren net iets beter dan wij.'
Dan gaat hij de andere aanvoerder feliciteren.
Rik loopt naar de keeper van Berkel-Rodenrijs toe.
'Goed werk, zeg,' zegt hij.
De keeper knikt blij.
'Echt vet dat we gewonnen hebben.

Wel balen voor jullie trouwens.
Jullie speelden ook goed.'

Rik loopt terug naar zijn team.
Hij kan het bijna niet geloven.
Ze hebben verloren.
Een man zwaait naar coach Sven.
'Even wachten jongens, ik ben zo terug.'
Even later komt de coach terug.
Op zijn gezicht is een brede glimlach te zien.
'Mahmoud, Rik. Lopen jullie even met me mee?
Ik wil jullie aan iemand voorstellen.'
De coach neemt hen mee naar de man die zwaaide.
Het is de man met de rode jas.
'Dag, ik ben Arend.
Ik ben van de jeugdopleiding van Ajax,' zegt hij.
'Van de voetbalschool, dus.'

'Jullie hebben dit toernooi erg goed gespeeld.
Jullie hele elftal was erg goed trouwens.
Mahmoud, jij bent een prima aanvoerder.
Jij zorgt dat alle losse spelers een echt team zijn.
Dat ze samenwerken.
En Rik, op een foutje tegen Diemen na,
heb je sterk gekeept.
We zoeken nog een goede keeper voor onze
voetbalschool.
Hier is mijn kaartje.
Maak volgende week samen met je ouders
een afspraak met me.
Ik denk dat jullie het goed zouden doen
op onze voetbalschool,' zegt de scout.

Mahmoud straalt.
Een scout van Ajax!
'Coach, zijn we echt gescout?' vraagt hij.
Hij kan het allemaal nog niet geloven.
Coach Sven knikt trots.
'Ja Mahmoud, jullie krijgen een geweldige kans.
Jullie mogen naar de voetbalschool van Ajax.'
Rik weet van verbazing niets te zeggen.
Iedereen feliciteert Rik en Mahmoud.
Ze krijgen harde klappen op hun schouder.
Rik en Mahmoud mogen naar de jeugdopleiding van
een profclub.
En niet zomaar een profclub, hun eigen Amsterdamse
Ajax!
Dat maakt het allemaal nog veel vetter!

Later die middag zit het hele elftal op het gras.
Hun ouders, vrienden en klasgenoten zijn er ook.
De banken zijn naar buiten getild.
De barbecue is aangestoken.
De Amsterdamse Boys hebben de finale verloren.
Maar het is toch erg gezellig.
Alle ouders zijn er en het elftal heeft goed gespeeld.
Bovendien zijn Rik en Mahmoud gescout.
Dat moet gevierd worden.

Rik zit een beetje onrustig naast zijn trotse ouders.
Er is nog zoveel dat hij hen moet vertellen.
Coach Sven komt naar hen toegelopen.
Hij geeft Riks ouders een hand.
'Gefeliciteerd, ik ben blij
dat Rik naar de voetbalschool mag.

Het is een geweldige kans
op een carrière als profvoetballer.'
Riks vader knikt.
'We gaan met Ajax praten.
Want ik wil wel dat Rik zijn diploma's haalt.
School is erg belangrijk.'
De coach is het helemaal met Riks vader eens.
'Precies, je kunt niet zonder diploma's,' zegt hij.
'En dat vinden ze bij Ajax ook.
Dus dat komt vast wel goed.
Op de voetbalschool halen de jongens gewoon hun
diploma.'
Coach Sven kijkt Rik aan.
'Rik, ga jij nu even naar Koen?
Ik wil met je ouders praten,' zegt de coach.

Met een naar gevoel loopt Rik naar zijn vriend.
Hij kijkt achterom naar de coach.
Die kijkt erg serieus.
Net als zijn ouders.
Hij schrikt. Anna zit naast Koen.
Help, wat moet hij tegen haar zeggen?
Rik kijkt snel naar Koen en niet naar Anna.
'Hé Koen, echt balen dat jij niet gescout bent,' zegt Rik.
Koen haalt zijn schouders op.
'Ik ben blij voor jou en Mahmoud.
Voetbal is alles voor jullie.
Voor mij niet.
Ik hoef geen proefvoetballer te worden.
Ik vind voetbal gewoon leuk. Meer niet.'

Anna kijkt Rik stralend aan.
'Gefeliciteerd Rik,' zegt ze.
'Je speelde echt goed.
Jammer dat jullie niet gewonnen hebben.'
Rik ziet dat coach Sven wegloopt bij zijn ouders.
'Coach?' zegt hij vragend.
De coach draait zich om.
'Wat heb je tegen mijn ouders gezegd?' vraagt Rik.
Sven kijkt hem bemoedigend aan.
'Ik heb gezegd dat je thuis nog wat op te biechten hebt.
Maar dat je morgen alles wel vertelt.
Dat je vandaag moet genieten van je succes.
Dat je ouders flink zullen schrikken van wat je vertelt.
Maar dat ik trots ben hoe je de dingen de laatste dagen
hebt opgelost.'
'Bedankt, coach.
Voor alles.'
Coach Sven geeft Rik een vriendschappelijke klap op zijn
schouder.
'Gefeliciteerd, Rik, grijp deze kans.
Maak er wat van!'
Rik knikt. Dat is hij zeker van plan.

HOOFDSTUK 31

Weer thuis

Rik is weer gewoon thuis in Amsterdam.
Het toernooi is afgelopen.
Morgen begint de school weer.
Gisteravond laat is het elftal thuisgekomen.
En vandaag staat Rik vroeg op.
Hij moet met zijn ouders praten.
Als Rik beneden komt, zitten zijn ouders al aan tafel.
'Zo, jij bent vroeg wakker vandaag,' zegt zijn moeder.
'Ik dacht dat je wel zou uitslapen.'
Rik pakt een glas melk en smeert een cracker.
'Pap, mam, ik moet jullie iets vertellen,' zegt hij.
Zijn moeder kijkt hem aan.
Zijn vader legt de krant neer.
'Ja, dat zei je coach al.'
Rik durft niet meer zo goed.
Zijn ouders kijken hem allebei zo serieus aan.

'Wat wil je zeggen, Rik?' vraagt Riks moeder.
Rik zucht heel diep.
Weer moet hij zijn vreselijke verhaal vertellen.
'Iets heel ergs,' zegt hij zacht.
'Wat?' vraagt Riks vader gespannen.
'Kom op Rik, vertel wat er aan de hand is.'
En dan vertelt Rik zijn ouders over de diefstal bij
Houters.

Zijn moeder zegt niets.
Maar Rik ziet aan haar gezicht dat ze verdrietig is.
En teleurgesteld.
'Ik zal je één ding vertellen, jongen.
Jij gaat dat spel terugbrengen naar de winkel,' zegt Riks
vader.
Zijn stem trilt van woede.
Rik knikt.
'Maar er is meer pap.'
'Wel verdorie.
Wat heb je nog meer uitgevreten?
Ben je op het criminele pad?'

Rik vertelt over Niels.
'Niels zei dat ik zijn team moest laten winnen.
Anders zou hij aan iedereen vertellen dat ik een dief
was.'
'Chanteerde hij je?' vraagt zijn vader.
Rik knikt.
'En toen?' wil zijn moeder weten.
En dan vertelt Rik over de wedstrijd.
Dat hij de bal expres liet doorgaan.
'Ik vond het zo erg wat ik had gedaan.
De coach vroeg wat er met me aan de hand was.
Ik heb hem toen alles verteld.
De coach zei dat ik alles eerlijk moest vertellen.
Ik moest alles opbiechten aan de jongens van het team.
En dat heb ik toen gedaan.'
Rik zucht eens diep.
'Dat was echt heel moeilijk.'

Riks moeder is teleurgesteld en verdrietig.
Zijn vader is woedend.
Riks moeder zegt als eerste iets.
'Ik begrijp nu waarom je zo raar deed de laatste tijd.
Ik wou dat je mij in vertrouwen had genomen, Rik,'
zucht ze.
'Je weet toch dat je mij alles kunt vertellen?'
Rik weet niet zo goed wat hij moet zeggen.
'Ik durfde het niet te vertellen.
Ik schaamde me zo.'
'Je moet het spel terugbrengen naar de winkel.'
Riks vader staat op van tafel.
'En zeg maar tegen de eigenaar van de winkel
dat hij van ons je straf mag bedenken.
Weet je wat, ik ga wel met je mee.'
'Nu?' vraagt Rik geschrokken.
Riks vader knikt streng. 'Ja, nu.'
'Maar het is zondag vandaag,' probeert Rik.
'Koopzondag,' antwoordt zijn vader.

HOOFDSTUK 32

Naar meneer Ibrahim

Rik en zijn vader lopen naar Houters.
Riks vaders zegt:
'Als vader had ik moeten weten dat je iets dwars zat.
Ik had met je moeten praten.
Ik vroeg alleen maar naar je huiswerk.
En ik zeurde over al die voetbaltrainingen.'
'Het spijt me echt, pap.'
Rik meent wat hij zegt.
'Mij ook,' zegt zijn vader.

Even later staan Rik en zijn vader voor Houters,
de winkel van meneer Ibrahim.
Rik aarzelt even.
'Pap, ik ben blij dat je met me meegaat.'
Zijn vader lacht even naar hem.
Dan duwt hij hem streng de winkel in.
De bel van de winkeldeur klingelt luid.
Er staat een meisje achter de kassa.
'Dag, is meneer Ibrahim er ook?'
vraagt Riks vader.
'Ja, hij is achter, in het magazijn,' antwoordt ze.
'Zou je hem even voor me kunnen roepen?'
Het meisje pakt de telefoon en belt naar het magazijn.

Een paar minuten later komt meneer Ibrahim
de winkel ingelopen.

'Ha Rik, wat heb ik jou lang niet gezien.'
Rik voelt dat hij een rood hoofd krijgt.
Riks vader geeft meneer Ibrahim een hand.
'Dag meneer Ibrahim.
Ik ben de vader van Rik.
Kunnen wij even rustig met u praten?'
'Natuurlijk, loop maar mee.'
Rik en zijn vader volgen meneer Ibrahim naar een klein
kantoortje.

'Ga zitten.
Waar komen jullie voor?
Voor een verdwenen game, toevallig?'
Rik hapt naar adem.
'Weet u het dan?' stamelt hij.
Meneer Ibrahim kijkt hem vriendelijk aan.
'Natuurlijk, games verdwijnen niet zomaar vanzelf.
En jij was de enige die in de winkel was.'
Rik kan het niet geloven.
Al die tijd wist meneer Ibrahim het.
'Maar waarom bent u niet naar de politie gegaan?'
vraagt Rik.
'En waarom heeft u ons niet gebeld?' wil Riks vader
weten.
'Nou, ik hoopte dat je inzag dat je fout was.
En dat je de game wel zou komen terugbrengen.
En hier ben je dan,' zegt meneer Ibrahim.

Rik legt de game op de tafel.
'Het spijt me, meneer Ibrahim.
Het was echt fout van me.'
'Ik wil ook graag mijn excuses aanbieden,

voor het gedrag van mijn zoon,' zegt Riks vader.
'Mijn vrouw en ik zijn erg geschrokken en teleurgesteld.
Zo hebben wij Rik niet opgevoed.
We hadden dit nooit van hem verwacht.
Wij vinden dat u een straf voor Rik moet bedenken.'
Meneer Ibrahim denkt even na.
'Ik kan wel wat hulp gebruiken,' zegt hij dan.
'Hulp?' vraagt Rik.
'Ja, hulp in de winkel, in de zomervakantie.
Mijn neef zou me helpen.
Maar hij gaat een hele maand met zijn familie naar
Turkije.
Misschien kan jij zijn plaats innemen?'
'Echt?' vraagt Rik.
Hij kijkt met open mond naar meneer Ibrahim.
'Natuurlijk is het wel een straf.
Dus ik zal je niet betalen voor je werk.
Je werkt een hele zomer gratis voor me om het goed te
maken.'

Riks vader kijkt tevreden.
'Dat lijkt me een prima voorstel, meneer Ibrahim.'
'Hoef ik niet naar bureau HALT?' vraagt Rik opgelucht.
Meneer Ibrahim lacht.
'De mensen van bureau HALT
bedenken heel goede straffen.
En dat heb ik net ook gedaan.
Dit is een straf waar ík ook wat aan heb.'
Rik kan niet geloven
dat alles zo goed afloopt.
Hij dacht echt dat hij naar bureau HALT zou moeten.
Hij zal hard werken om alles goed te maken.

HOOFDSTUK 33

De voetbalschool

'Spannend, hè?'
Mahmoud knikt. Zijn knieën trillen.
Rik en Mahmoud staan voor een trainingsveld.
Ze hebben een dag vrij gekregen van school.
Vandaag zullen ze meetrainen op de voetbalschool van
Ajax.
Het is bijna zomervakantie.
En na de vakantie gaan ze niet terug naar hun oude
school.
Ze gaan dan naar de derde klas van de voetbalschool.
Daar zullen ze goed leren voetballen.
Maar ze zullen er ook de gewone lessen volgen.
Dat hebben de ouders van Rik en de moeder van
Mahmoud afgesproken met Arend, de scout.

Rik en Mahmoud kunnen het bijna niet geloven.
Nu ze voor het trainingsveld staan,
vinden ze het ineens best eng.
Zijn ze wel goed genoeg voor de voetbalschool?
Of voetballen de andere jongens al veel beter dan zij?
Zij zitten tenslotte al veel langer op de voetbalschool.
En zijn de andere jongens wel aardig?

'Nou kom op.
We moeten toch een keer naar binnen,'

zegt Mahmoud dan.
Samen lopen ze naar de kantine.
'Dag, ik ben John, de jeugdtrainer.
En jullie zijn vast Rik en Mahmoud?'
John is een grote man met kort stekeltjeshaar.
Hij loopt lachend naar hen toe.
Hij geeft de jongens een stevige hand.
'Fijn dat jullie er zijn.
Wacht hier maar even.
De andere jongens zullen zo wel komen.
Dan kunnen jullie eerst even kennismaken.'

Een beetje zenuwachtig gaan Rik en Mahmoud op een
barkruk zitten.
Een voor een komen de jongens van de voetbalschool
binnen.
Het zijn er best veel.
Rik hoopt dat hij hun namen kan onthouden.
Gelukkig gaan ze meteen het veld op voor een training.
'Die jongens zijn allemaal hartstikke goed, man,'
fluistert Mahmoud bewonderend.

Na een lange dag, fietsen Rik en Mahmoud naar huis.
'Het was gaaf, hè?' straalt Mahmoud.
'Echt wel vet,' vindt Rik.
'Ik heb nu al zin om na de zomervakantie te beginnen.
De jongens zijn allemaal aardig.'
'Ja, ze hadden helemaal geen kapsones of zo,'
antwoordt Mahmoud opgelucht.
'Maar het is ook wel balen.
Dat we dan niet meer bij de Amsterdamse Boys spelen,'
zegt Rik.

Mahmoud knikt.

'Ja, ik zal de anderen echt missen.'

'Volgende week hebben we de laatste training voor de zomervakantie,' zegt Rik.

'Voor ons de allerlaatste training bij de Amsterdamse Boys,' zucht hij somber.

Maar dan lichten Mahmouds ogen op.

'Hé, zullen we een afscheidsfeestje houden voor het hele elftal?

In de kantine, met vette muziek en lekker eten?'

'Ja, dat is een goed idee,' zegt Rik enthousiast.

'Ga jij nog op vakantie?' vraagt Mahmoud.

Rik schudt zijn hoofd.

'Ik ga bij Houters werken.'

Mahmoud kijkt hem vragend aan.

'Mijn vader en ik zijn naar meneer Ibrahim geweest.

Om de game terug te brengen.

Meneer Ibrahim mocht een straf bedenken van mijn ouders.

Hij wil dat ik in de zomer gratis bij hem kom werken als straf.'

'Hij is een toffe vent, die meneer Ibrahim,' zegt Mahmoud.

'Ga jij op vakantie?' vraagt Rik.

'Nee,' antwoordt Mahmoud.

'Ik ga ook werken deze zomer.'

HOOFDSTUK 34

De laatste training

De jongens van het elftal willen alles horen over de
voetbalschool.
'Ze trainen iedere week een andere techniek.
De ene week is dat koppen.
De andere week zijn dat bijvoorbeeld omhaals,' zegt Rik.
'Op de dag dat wij er waren, was het kappen,'
vertelt Mahmoud enthousiast.
'Wat deden jullie dan precies?' wil Farid weten.
'Ja, willen jullie het ons ook leren?' vraagt Koen.
'Als we dan de hele zomer hard trainen.
Dan maken we volgend seizoen indruk op het veld.
Dat moet wel, nu we onze twee sterspelers kwijt zijn.'

Rik en Mahmoud leggen uit wat kappen is.
En dat er verschillende manieren zijn.
Mahmoud staat op en pakt een bal.
Hij laat de bewegingen langzaam zien.
'Echt vet,' zegt Erik enthousiast.
'Maar voor we mochten kappen,
moesten we wel een uur dribbelen,' zegt Rik.
'Ook ik als keeper.'
'Dribbelen? Hoezo dan?
Wat is daar nu aan?' vraagt Sebas.
'Het ging puur om techniek,' zegt Mahmoud stoer.
'En bovendien is dribbelen de basis van kappen.

Eerst heb je de bal aan de binnenkant van je voet.
En daarna stuur je de bal bij.
Met de buitenkant van je schoen.
We mochten niet stilstaan of stoppen.'
Sebas knikt begrijpend.

'We gaan ook op omhalen trainen,' zegt Mahmoud.
'Je bent echt een vette held als je een omhaal maakt
tijdens een belangrijke wedstrijd.'
Weer springt Mahmoud overeind.
Hij doet net alsof hij een bal heeft.
Hij maakt een omhaal in de lucht.
Hij springt, trapt, volleyt, schiet achterwaarts.
En valt sierlijk achterover in het gras.
Farid lacht hem uit.
'Prachtig, aanvoerder.
Alleen nu nog even oefenen met een echte bal.
Zodat je hem ook echt raakt.'
Lachend laat Mahmoud zich boven op Farid vallen.
'Had je wat?' dreigt hij.

'Dit is onze laatste training voor de zomervakantie,' zegt
de coach.
'En na de zomer spelen we zonder Mahmoud en Rik.'
Rik is blij dat hij naar de voetbalschool mag.
Maar hij zal zijn eigen team erg missen.
'Dat betekent dat we een nieuwe keeper
en een nieuwe aanvoerder nodig hebben.'
Coach Sven kijkt naar Rik.
'Rik, je hebt veel geleerd.
Het was niet makkelijk de laatste tijd.
Maar je was een geweldige keeper!'

De coach kijkt nu Thomas aan.
'Thomas, jij bent voortaan onze eerste keeper!'
De andere jongens juichen, fluiten en klappen.
'Ik vind het jammer dat je weggaat,'
zegt Thomas tegen Rik.
'Maar het is echt cool
dat ik nu altijd in de basis sta!'
'Succes, man!' zegt Rik.
Hij slaat Thomas op zijn schouder.
Hij is blij voor hem.

'Hé, coach.
Wie wordt de nieuwe aanvoerder?
Ik toch zeker?' vraagt Sebas nieuwsgierig.
'Pff, eitje! Wedden dat ik dat ben?' schept Farid op.
Meteen rollen Sebas en Farid vechtend over het veld.
Coach Sven kijkt lachend naar de spitsen.
'Ja jongens, als ik eens flink wil lachen moet ik bij jullie
zijn.
Maar een aanvoerder heeft andere kwaliteiten nodig.
Hij moet rust uitstralen.
Hij moet een eenheid maken van het elftal.
Mahmoud jongen, we zullen je missen.'
Rik ziet dat Mahmoud het ook moeilijk vindt
om weg te gaan.

'Maar goed, de nieuwe aanvoerder.'
De coach kijkt de jongens een voor een aan.
'Ik wil jou daarvoor vragen Mehmet.
Als je dat aandurft, tenminste.'
Mehmet kijkt de coach ongelovig aan.
Rik juicht en omhelst Mehmet.

De coach heeft een hele goede keuze gemaakt, vindt hij.
Ook de andere jongens feliciteren Mehmet.
Mahmoud knikt tevreden.
Plechtig geeft Mahmoud de aanvoerdersband aan
Mehmet.
Trotst pakt Mehmet de band aan en schuift hem om zijn
arm.

HOOFDSTUK 35

Durft hij het?

Het schooljaar is voorbij.
Rik en Mahmoud hebben met een groot feest
afscheid genomen van de Amsterdamse Boys.
Na de vakantie gaan ze samen naar de voetbalschool.
Rik is blij dat Mahmoud en hij samen gaan.
Dat hij niet in zijn eentje naar een nieuwe school toe
hoeft.
Een paar keer in de week komt Mahmoud langs.
Ze fantaseren dan over de voetbalschool.
Of ze voetballen op het veld in de buurt.
Soms doet Riks vader ook mee.

Een paar dagen in de week werkt Rik bij Houters.
Hij sjouwt er met dozen, staat achter de kassa.
En hij veegt de winkel schoon.
Het is eigenlijk best gezellig.
Meneer Ibrahim is aardig, net als zijn collega's.
Rik krijgt geen geld voor zijn werk.
Maar hij vindt het werk wel leuk.
En soms vergeet hij dat hij voor straf werkt.

Het is zaterdagmiddag en Rik staat in de winkel.
Hij helpt een oude mevrouw.
Zij zoekt een cadeau voor haar kleinzoon.
'Fijn dat je me zo goed hebt geholpen,' zegt ze.

Rik doet cadeaupapier om de game.
Tevreden gaat de vrouw weg.
Dan komt er een groepje jongens binnen.
'Nee,' kreunt Rik.
Het zijn Niels en een paar van zijn vrienden.
Rik voelt zich ellendig.
Wat moet hij doen?
Even dreigt Rik in paniek te raken.
Maar dan bedenkt hij zich.
Vastberaden loopt hij naar de telefoon.

Hij belt naar meneer Ibrahim.
Die doet in zijn kantoortje de administratie.
'Ik heb even hulp nodig meneer Ibrahim,' zegt Rik.
'Nu meteen.'
Als Rik de hoorn neerlegt,
leunt Niels nonchalant over de toonbank.
Zijn vrienden lopen door de winkel.
Ze komen overal aan.
Ze pakken games uit de rekken.
'Zo, dus jij werkt deze zomer hier.
Da's mooi, dan kan je mij even helpen met wat inkopen.
Je hebt tenslotte nog wat goed te maken,' zegt Niels.

'Nee,' zegt Rik zelfverzekerd.
'Ik heb niets goed te maken.
Ik wil niets met jou te maken hebben.
En bang maken kun je me niet meer.
Ga weg.'
Zonder dat Rik het gemerkt heeft,
is meneer Ibrahim achter hem komen staan.
'Jullie hebben het gehoord, jongens.

Jullie zijn niet welkom hier.'
Niels kijkt Rik dreigend aan.
Maar tot Riks verbazing doet het hem niets.
'Ik ben niet meer bang voor je dreigementen, Niels,'
zegt Rik.
Boos lopen Niels en zijn vrienden de winkel uit.

'Goed opgelost!' zegt meneer Ibrahim tegen Rik.
'Je hebt je niet laten bedreigen
en je hebt om hulp gevraagd.'
Meneer Ibrahim gaat terug naar zijn kantoortje.
Rik blijft alleen in de winkel achter.
Rik weet heel zeker dat hij geen last meer zal hebben
van Niels.
Ineens denkt hij eraan dat hij Mahmoud nog wat wil
vragen.
Hij wil weten wat Mahmoud over Niels weet.
Maar dat komt nog wel.
Nog even en hij ziet Mahmoud elke dag op de
voetbalschool.
Rik is tevreden over zichzelf.
Hij heeft het met Niels goed opgelost.

En dan rinkelt de deurbel.
Riks hart begint te bonzen als hij ziet
wie er de winkel binnenkomt.
'Dag Rik,' zegt Anna.
'Mijn nichtje is volgende week jarig.
Ik kom een cadeautje kopen.'
'Zal ik je helpen iets voor haar uit te zoeken?' vraagt Rik.
'Hoe oud wordt ze?'
'Vijf jaar en ze houdt van roze,' antwoordt Anna.

Samen staan ze voor de knuffelbeesten.
Rik weet niet zo goed wat hij moet zeggen.
Hij pakt een roze pony en geeft hem aan Anna.
'Is dit iets denk je?' vraagt hij.
Anna twijfelt tussen de pony en een beer.

Rik denkt aan het feest dat Koen volgende week geeft.
Hij is jarig en hij mag van zijn ouders de hele klas
uitnodigen.
En alle jongens van het voetbalelftal.
Rik wil graag met Anna naar de verjaardag van Koen.
Maar dan moet hij het wel durven vragen.
'Zeg Anna,' begint Rik.
Maar dan kijkt Anna hem aan,
en hij durft zijn vraag niet meer te stellen.
Snel pakt Rik de pluche beer uit haar hand.
'Zullen we deze dan maar doen?' vraagt hij.
Rik pakt de beer in en Anna betaalt.
'Rik...' zegt Anna dan.
'Ik vind het jammer
dat je niet meer terugkomt op school.'
En ze gaat naar buiten.

Even later gaat de winkeldeur weer open.
Rik is verbaasd als hij ziet dat Anna terugkomt.
'Ik ben je wat vergeten te vragen.
Heb je zin om samen met mij
naar de verjaardag van Koen te gaan?'
Rik staat Anna met open mond aan te kijken.
Hij moet iets zeggen. Snel!
Anders denkt Anna misschien nog
dat hij niet met haar naar het feest wil.

'Ik eh... ik had jou ook willen vragen.
Maar ik wist niet zeker of je wel zou willen.
Je weet wel, na alles wat er gebeurd is,' zegt Rik.
Anna kijkt hem lachend aan.
'Dus ik had je tòch kunnen vragen?' zegt Rik.
'Maar nu ben ik te laat.
Nu heb jij mij al gevraagd,' zegt Rik een beetje sip.
Anna lacht naar hem.
'Als ik op jou had moeten wachten,
was dat hele feest allang voorbij!'

Troef-reeks

De Troef-reeks richt zich op lezers met een achterstand in de Nederlandse taal, zoals dove en anderstalige kinderen en jongeren. 'Winnen of verliezen' is geschreven voor jongeren.

Conny Boendermaker, *De nieuwe klas*
Conny Boendermaker, *Het verhaal van Anna*
Lisette Blankestijn, *Ontsnapt?*
Heleen Bosma, *Droomkelder*
Heleen Bosma, *Magie van de waarheid*
Nanne Bosma, *Thomas – een verhaal uit 1688*
Iris Boter, *Beroemd!*
Christel van Bourgondië, *De stem van Isa*
Stasia Cramer, *Te groot voor een pony*
Annelies van der Eijk e.a., *Breakdance in Moskou*
Lis van der Geer, *Een spin in het web*
René van Harten, *Dansen!*
René van Harten, *Ik wil een zoen*
René van Harten, *Linde pest terug*
Anne-Rose Hermer, *Gewoon vrienden*
Anne-Rose Hermer, *Tessa vecht terug*
Marian Hoefnagel, *Blowen*
Marian Hoefnagel, *Twee liefdes*
Marian Hoefnagel, *Zijn mooiste model* (ook gebonden uitgave)
Ad Hoofs, *Er vallen klappen*
Ad Hoofs, *Rammen en remmen*
Sunny Jansen, *Winnen of verliezen*
Joke de Jonge, *Geheime gebaren?*
Netty van Kaathoven, *Help! Een geheim*
Netty van Kaathoven, *Pas op, Tirza!*
Valentine Kalwij, *Een vriend in de stad*
Anton van der Kolk, *Het huis aan de overkant*
Wajira Meerveld, *Haan zoekt kip zonder slurf*
    voorlees-/prentenboek voor kinderen van 2 tot 6 jaar
Selma Noort, *Mijn vader is een motorduivel*
Marieke Otten, *Dik?*
Marieke Otten, *Gewoon Wouter*
Marieke Otten, *Kebab en pindakaas*
Marieke Otten, *Laura's geheim*
Marieke Otten, *Mijn moeder is zo anders*
Chris Vegter, *Dierenbeul*
Chris Vegter, *Vogelgriep*
Wajira de Weijer, *Haan zoekt huis met geluk*
    voorlees-/prentenboek voor kinderen van 2 tot 6 jaar

Aan dit boek in de Troef-reeks is financiële ondersteuning verleend
door het ministerie van OCW.

De Troef-reeks komt tot stand in samenwerking met de FODOK.

Lesmateriaal en/of verwerkingsopdrachten bij dit boek kunt u gratis downloaden.
Ga hiervoor naar *www.vantricht.nl* > *makkelijk lezen* en klik de titel van het boek aan.
Onderaan de pagina vindt u het pdf-bestand van de lesbrief.

Vormgeving Studio Birnie
www.studiobirnie.nl
Illustraties Roelof van der Schans
www.roelofvanderschans.nl

Eerste druk, eerste oplage 2009
Eerste druk, tweede oplage 2010

ISBN 978 90 77822 41 8
NUR 283, 284 en 286

info@vantricht.nl